Eva Marbach

Kurzratgeber Baby

Tipps und Tricks rund um die Baby-Gesundheit

Für Jonathan, Onna und Ivy

EMV

Für sein Baby wünscht man sich, dass es immer gesund ist und sich wohl fühlt. Doch die meisten Säuglinge leiden hin und wieder oder auch öfter unter gesundheitlichen Beschwerden, die sie quälen. Oft kann man mit einfachen Mitteln dafür sorgen, dass sich das Baby wieder gut fühlt.

In diesem Buch finden Sie Informationen über die häufigsten Krankheiten und Beschwerden im ersten Lebensjahr und wie man sie lindern kann. Für schwerere Fälle erfahren Sie wann man die Hilfe eines Arztes braucht.

Haftungsausschluss / Disclaimer

Dieses Buch kann nicht den Arzt ersetzen. Suchen Sie bei unklaren oder heftigen Beschwerden unbedingt einen Arzt auf!

Für Gesundheitstipps und Rezepte in diesem Buch übernehmen wir keine Haftung!

Über die Autorin:

Eva Marbach, Jahrgang 1962, ist seit 1989 Heilpraktikerin und seit 1983 Mutter zweier Kinder. Im vorliegenden Buch widmet sie sich den gesundheitlichen Problemen von Säuglingen im ersten Lebensjahr. Im Internet schreibt und betreut Eva Marbach zahlreiche Webseiten zu Gesundheitsthemen.

Eva Marbach

Kurzratgeber Baby

Tipps und Tricks rund um
die Baby-Gesundheit

Eva Marbach Verlag

Bibliografische Information der Deutschen Nationalbibliothek

Die Deutsche Nationalbibliothek verzeichnet diese Publikation in der Deutschen Nationalbibliografie; detaillierte bibliografische Daten sind im Internet über http://dnb.d-nb.de abrufbar.

Originalausgabe

Eva Marbach Verlag, Breisach

http://eva-marbach.com

Umschlaggestaltung: Eva Marbach

Herstellung: Books on Demand GmbH, Norderstedt

Printed in Germany

ISBN-10: 3-938764-27-9

ISBN-13: 978-3-938764-27-5

Schnellfinder für Baby-Probleme

Wenn es dem Baby nicht gut geht, will man möglichst schnell wissen, was ihm fehlt und wie man ihm helfen kann.

Damit dieses Buch schnelle Hilfe bieten kann, beginnt es mit dem Schnellfinder.

Hier werden die häufigsten Gesundheitsprobleme von Babies und typische Varianten aufgeführt. Von hier aus können Sie auf die angegebenen Seiten verzweigen.

Ein normales Inhaltsverzeichnis und einleitende Kapitel finden Sie nach dem Schnellfinder.

Wichtig!

Bei starken Beschwerden des Kindes sollte man im Zweifelsfall immer den Arzt aufsuchen!

Mein Baby schreit oder weint

- Weil Babyweinen sehr häufig ist und zahlreiche Gründe haben kann, haben wir ein extra Kapitel zu diesem Thema zusammengestellt: Seite 36.

Mein Baby hat Fieber

- Wenn die Ursache für das Fieber unklar ist: Seite 84
- Wenn gleichzeitig Zahnungsschmerzen bestehen: Seite 108.
- Wenn es viel sabbert und auf allem herum kaut: Vermutlich Zahnungsbeschwerden - Seite 108.
- Wenn das Baby erkältet ist: Vermutlich Erkältung oder Grippe - Seite 84.
- Wenn das Baby einen Ausschlag hat: Seite 76.
- Wenn das Baby Durchfall hat: Seite 80.

- Wenn es mit den Händen an die Ohren fasst: Vermutlich Ohrenentzündung - Seite 91.

Mein Baby schläft nicht

- Wenn das Baby ansonsten gesund ist: Vermutlich normale Schlafstörungen - Seite 98.
- Wenn das Baby außerdem schreit: Vermutlich eine der Problematiken im Zusammenhang mit Schreien - Seite 36.
- Wenn das Baby die Beinchen anzieht: Eventuell Dreimonats-Koliken - Seite 77.
- Wenn es schreit, sobald man es hinlegt: Eventuell Reflux - Seite 97.
- Wenn das Baby erkältet ist: Vermutlich Erkältung oder Grippe - Seite 84.

Mein Baby will nicht liegen

- Wenn es häufig schreit, sobald man es hinlegt: Eventuell Reflux -Seite 97 oder Verlassenheitsängste - Seite 47.
- Wenn das Baby meistens gerne liegt, nur jetzt gerade nicht: Eventuell Langeweile - Seite 45
- Wenn das Baby in der Babywippe oder im Tragetuch schnell einschläft, aber nicht flach liegen will: Eventuell Reflux - Seite 97

Mein Baby schläft immerzu

- Wenn das Baby ständig schläft und nicht einmal zum Trinken wach wird: Seite 98.

Mein Baby mag nicht trinken

- Wenn es außerdem erbrochen hat: Eventuell Magen-Darm-Grippe - Seite 83 und 88.

- Wenn es außerdem Durchfall hat: Eventuell Magen-Darm-Grippe - Seite 80 und 88.
- Wenn es außerdem erkältet ist: Vermutlich Erkältung oder Grippe - Seite 84.
- Wenn es ihm ansonsten gut geht und es vorher schon getrunken hat: Eventuell ist es noch satt.

Mein Baby will ständig an die Brust

- Wenn es gierig trinkt, bis die Brust leer ist: Eventuell Wachstumsschub - Seite 106
- Wenn es die Milch gar nicht schlucken will, sondern wieder ausspuckt: Eventuell verstärktes Saugbedürfnis - Seite 43
- Wenn es nicht allein sein will: Vermutlich Kontaktbedürfnis - Seite 47 oder Verlassenheitsängste - Seite 47.

Mein Baby erbricht sich

- Wenn das Baby die Milch immer wieder im hohen Bogen ausspuckt: Eventuell Magenpförtner-Krampf - Seite 88
- Wenn das Baby nur ein wenig Milch erbricht: Eventuell gewohnheitsmäßiges Erbrechen - Seite 83.
- Wenn das Baby außerdem Fieber hat: Vermutlich Magen-Darm-Grippe - Seite 83 und 88
- Wenn es keinen Appetit hat: Vermutlich Magen-Darm-Grippe - Seite 83 und 88 oder es hat zu viel getrunken.
- Wenn mehrere Familienmitglieder zur Zeit Magenprobleme haben: Vermutlich Magen-Darm-Grippe - Seite 88
- Wenn es etwas Ungewohntes gegessen hat: Eventuell eine Allergie - Seite 77.

Mein Baby hat Durchfall

- Wenn das Baby gestillt wird und gesund scheint: Wahrscheinlich normaler Stillstuhl - Seite 80
- Wenn das Baby nicht gestillt wird und Durchfall hat: Seite 80.
- Wenn es außerdem krank wirkt: Eventuell Magen-Darm-Grippe - Seite 80 und 88.
- Wenn es außerdem Fieber hat: Eventuell Magen-Darm-Grippe - Seite 80 und 88.
- Wenn das Baby außerdem stark erbrochen hat: Eventuell Magen-Darm-Grippe - Seite 80 und 88.

Mein Baby hat keinen Stuhlgang

- Wenn das Baby gestillt wird, kann der Stuhlgang manchmal für bis zu drei Tage ausbleiben ohne Krankheitswert.
- Ansonsten hat es eventuell Verstopfung: Seite 105

Mein Baby ist erkältet

- Allgemeine Infos über Erkältung: Seite 84
- Wenn es Fieber hat: Seite 84
- Wenn es Schnupfen hat: Seite 100
- Wenn es hustet: Seite 87

Meine Baby hat Atemnot

- Wenn es Schnupfen hat: Eventuell ist die Nase verstopft - Seite 100.
- Wenn es panikartig nach Luft schnappt: Eventuell hat es Pseudo-Krupp: Seite 95

Mein Baby zuckt ganz merkwürdig

- Wenn es Fieber hat: Vermutlich Fieberkrämpfe - Seite 85.

Mein Baby hat rote Flecken

- Wenn es jünger als zwei Wochen ist: Eventuell ein Neugeborenen-Ausschlag - Seite 76.
- Wenn es außerdem Fieber hat: Eventuell eine Kinderkrankheit mit Ausschlag - Seite 76.
- Wenn es etwas Ungewohntes gegessen hat: Eventuell eine Allergie - Seite 77.
- Wenn es neue Kleider aus ungewohnten Materialien anhat: Eventuell eine Allergie - Seite 77.
- Wenn es kein Fieber hat, aber sehr unruhig ist: Eventuell eine Neurodermitis - Seite 94.
- Wenn es kein Fieber hat und sehr viel schreit: Eventuell eine Neurodermitis - Seite 94.
- Wenn es sich viel kratzt: Eventuell eine Neurodermitis - Seite 94.

Mein Baby hat gelbe Haut

- Wenn das Baby noch sehr jung ist: Vermutlich Neugeborenen-Gelbsucht - Seite 93.

Mein Baby hat weiße Flecken im Mund

- Wenn die Flecken auch vor den Mahlzeiten bestehen: Eventuell Mund-Soor - Seite 92.

Mein Baby hat eine Art Ausschlag auf dem Kopf

- Wenn es offensichtlich unter dem Ausschlag leidet: Eventuell Milchschorf - Seite 90.
- Wenn es nicht unter dem Ausschlag leidet: Eventuell Kopfgneis - Seite 88
- Wenn der Ausschlag rot und entzündlich ist: Eventuell Milchschorf - Seite 90.
- Wenn sich fettige Beläge oder Schuppen bilden: Eventuell Kopfgneis - Seite 88

- Wenn das Baby jünger als drei Monate ist: Eventuell Kopfgneis - Seite 88
- Wenn das Baby älter als drei Monate ist: Eventuell Milchschorf - Seite 90.

Mein Baby hat einen roten Po

- Wahrscheinlich eine Windeldermatitis - Seite 107.

Mein Baby nimmt alles in den Mund

- Wenn es außerdem viel weint und stark kaut und sabbert: Eventuell Zahnungsprobleme - Seite 108
- Ansonsten entdecken Kinder die Welt teilweise mit dem Mund, sodass es normal ist, wenn sie alles in den Mund stecken.

Mein Baby hat sich verletzt

- Wenn es sich verbrannt hat: Seite 101
- Wenn es eine offene Wunde hat: Seite 107
- Wenn es sich gestoßen hat: Eventuell bekommt es einen blauen Fleck - Seite 79
- Wenn es durch eine Verletzung ein Körperteil nicht richtig bewegen kann: Eventuell eine Verstauchung - Seite 104.

Wichtiger Hinweis!

Nur leichte, harmlose Verletzung kann man selbst behandeln.

Bei stärkeren Verletzungen, oder wenn man nicht weiß, wie stark die Verletzung ist, sollte man unbedingt einen Arzt aufsuchen.

Bei schlimmen Verletzungen sollte man sofort den Notarzt rufen und sich mit dem Kind ins Krankenhaus fahren lassen.

Inhaltsverzeichnis

Schnellfinder für Baby-Probleme 5
Inhaltsverzeichnis 11
Einleitung 13
Wichtige Warnhinweise 14
Wann zum Arzt 21
Baby-Hausapotheke 22
Medikamenten-Anwendung beim Baby 36
Mein Baby schreit 40
  Gründe für Babyweinen 40
  Babyweinen-Schnellfinder 56
  Abhilfe gegen Babyweinen 63
Baby-Gesundheitsprobleme von A bis Z 76
  Ausschlag 76
  Allergie 77
  Blähungen 78
  Blauer Fleck 80
  Dreimonats-Koliken 80
  Durchfall 82
  Erbrechen 83
  Erkältung - Grippe 84
  Fieber 85
  Fieberkrämpfe 86
  Herzfehler 87
  Husten - Bronchitis 87
  Kopfgneis 88
  Magen-Darm-Grippe 89
  Magenpförtner-Krampf 90
  Milchschorf 90
  Mittelohrentzündung - Ohrenschmerzen 91
  Mund-Soor 92
  Neugeborenen-Gelbsucht 93
  Neurodermitis - Atopisches Ekzem 94
  Plötzlicher Kindstod - SIDS 95

Pseudo-Krupp 96
Reflux - Hiatus-Hernie 97
Schläfrigkeit 98
Schlafstörungen 99
Schnupfen 101
Trinkprobleme 101
Verbrennungen - Verbrühungen 103
Vergiftung 104
Verstauchung 105
Verstopfung 106
Wachstumsschub 106
Wunden 107
Wunder Po - Windeldermatitis 107
Zahnungsprobleme 109
Stillprobleme 110
Brustentzündung 110
Milchstau 111
Wunde Brustwarzen 112
Zu wenig Milch 113
Baby-Gesundheit im Internet 114
Gesundheits-Bücher im Eva Marbach Verlag 115
Stichwortverzeichnis 117
Wichtige Telefonnummern 120

Einleitung

Bei einem neuen Erdenbürger hofft man auf seliges Baby- und Elternglück. Ein wonniges Babylächeln erfüllt das Elternherz und wohlige Gluckslaute begeistern die gesamte Verwandtschaft.

Doch meistens ist ein Babyleben auch mit dem einen oder anderen Unbehagen verbunden.

Manchen Babies geht es fast immer gut und sie sind ausgesprochen pflegeleicht.

Doch andere tun sich schwer mit der Gewöhnung an das Leben außerhalb des Mutterleibs und werden von allerlei Beschwerden geplagt. Manche dieser Babies müssen so viel weinen, dass man sie sogar als Schreibabies bezeichnet.

Natürlich gibt es zwischen den pflegeleichten Babies und den Schreibabies alle Abstufungen in der Mitte. Das sind die meisten Babies, und sie leiden hin und wieder unter Gesundheitsbeschwerden.

Typisch für Säuglinge im ersten Lebensjahr ist, dass sie teilweise ganz andere Beschwerden haben als größere Kinder und Erwachsene. Einige Erkrankungen gibt es nur im Säuglingsalter, beispielsweise Dreimonats-Koliken oder Zahnungsbeschwerden.

Säuglinge können natürlich auch an Erwachsenen-Krankheiten erkranken, wie beispielsweise Erkältung oder Magen-Darm-Grippe.

Den typischen und alltäglichen Erkrankungen des Baby-Alters ist dieses Buch gewidmet. Es soll dabei helfen, schnell zu erkennen, was dem Baby fehlt und wie man ihm dabei helfen kann. Weil man als Eltern nicht alle Baby-Krankheiten selbst behandeln kann, wird auch erklärt, wann man einen Arzt braucht.

Wichtige Warnhinweise

Zwar sind Babies keine rohen Eier, sonst hätte die Menschheit wohl nicht schon seit Jahrmillionen überlebt.

Aber Babies haben über ihre winzige Größe und Zartheit hinaus einige spezielle Empfindlichkeiten. Teilweise sind diese Empfindlichkeiten nicht allgemein bekannt, und über manche weiß man erst seit einigen Jahren Bescheid.

Folgendes ist für Babies im ersten Lebensjahr tabu:

- Kein Honig
- Keine starken ätherischen Öle, z.B. Minzöl
- Keine Wärmflasche am Körper
- Keine Bauchlage
- Keine Kuscheltiere ins Bettchen
- Nicht schütteln
- Niemals alleine auf dem Wickeltisch
- Keine kleinen Gegenstände überlassen

Weil sich diese Tabus teilweise nicht von selbst erklären, folgen hier einige erklärende Sätze.

Kein Honig

Obwohl Honig prinzipiell ein sehr gesundes Lebensmittel ist, das sogar Heilkräfte hat, darf man Babies keinen Honig geben.

Das liegt daran, dass Honig manchmal in geringen Mengen das Bakterium Clostridium Botulinum enthält. Dieses Bakterium produziert ein sehr starkes Gift, namens Botulinumtoxin, heutzutage in der Kosmetik zur Faltenglättung unter dem Namen Botox sehr beliebt. Doch wenn das Botulinumtoxin in den Körper gelangt, kann man davon eine schlimme Vergiftung bekommen, die tödlich enden kann.

Die Botulismus-Bakterien im Honig sind nur sehr wenige, doch das Verdauungssystem kleiner Babies ist noch sehr empfindlich. Es hat nicht genug Magensäure, um die Bakterien ausreichend abzutöten.

Daher bildet sich dann im Darm das Botulinumtoxin und kann das Baby vergiften. Das Baby kann daran sogar sterben.

Wenn das Baby erst einmal ein Jahr alt ist und ansonsten gesund ist, kann es dann Honig erhalten.

Kleine Allergiker sollten jedoch mit dem Honig warten, bis sie zwei Jahre alt sind.

Keine starken ätherischen Öle, z.B. Minzöl

Ätherische Öle werden gerne als Hausmittel genutzt, weil sie eine schnelle, deutlich spürbare Wirkung haben und als natürlich gelten.

Minzöl, Eukalyptus-Öl und ähnlich intensive ätherische Öle befreien die Atemwege und helfen bei Erkältungen. Auch gegen schmerzende Gelenke kann man diese ätherischen Öle einsetzen.

Andere ätherische Öle, beispielsweise das sanfte Lavendel-Öl werden gerne in der Duftlampe verdampft, um die Stimmung zu besänftigen.

Doch kleine Babies sind zu empfindlich für diese Öle.

Insbesondere die starken menthol-haltigen Öle wirken wie eine Keule auf den zarten Baby-Organismus. Empfindliche Babies können sogar epileptische Anfälle oder einen Stimmritzenkrampf (Erstickungsgefahr) von solchen Ölen bekommen.

Daher sollte man bei Erkältungen eines Babies unbedingt auf alles verzichten, was stark duftet. Das betrifft auch spezielle Erkältungssalben, die man auf Brust und Rücken schmiert. Mit all dem muss man warten, bis aus dem Baby ein Kind geworden ist und auch dann sollte man starke Düfte nur vorsichtig einsetzen.

Sogar ein zarter Lavendelhauch aus der Duftlampe kann für empfindliche Babies schon zu intensiv sein. Daher sollte man besser darauf verzichten.

Die einzige Anwendung mit ätherischen Ölen, die für Säuglinge sinnvoll und akzeptabel ist, ist ein winziger Hauch Fenchelöl, oder ähnliches, vermischt mit einem guten Pflanzenöl. Dieses fenchelhaltige Öl kann man benutzen, um einen aufgeblähten Babybauch einzureiben, wenn das Baby unter Blähungen leidet.

Keine Wärmflasche am Körper

Wärmflaschen sind geradezu unverzichtbar in der Hausapotheke einer Familie.

Man kann mithilfe der Wärmflasche nicht nur Bauchschmerzen, Menstruationskrämpfe und Rückenschmerzen lindern.

Aber Säuglinge im ersten Jahr können ihre Körpertemperatur noch nicht so gut regeln wie größere Menschen. Der kleine Körper eines Babies wird noch sehr leicht durch die Umgebungstemperatur überhitzt oder ausgekühlt.

Eine heiße Wärmflasche kann das kleine Wesen also so stark aufheizen, dass es überhitzt.

Man kann eine Wärmflasche jedoch nutzen, um beispielsweise den kalten Kinderwagen im Winter aufzuwärmen, bevor man mit dem Baby in die Kälte geht.

Für den wärmebedürftigen Blähbauch des Babies eignet sich besser ein kleines Kirschkernkissen oder ein Dinkelkissen. Solche Wärmekissen sind kleiner als eine Wärmflasche und speichern nicht zu viel Hitze.

Keine Bauchlage

Jahrzehntelang wurde empfohlen, junge Babies zum Schlafen auf den Bauch oder auf die Seite zu legen.

Damit wollte man verhindern, dass Säuglinge im Falle des Erbrechens an ihrem Erbrochenen ersticken.

Auf diese Weise wollte man den plötzlichen Kindstod verhindern, der manche Kinder im ersten Lebensjahr töten kann (siehe Seite 95).

Doch in den letzten Jahrzehnten hat man beobachtet, dass Kinder, die beim Schlafen auf dem Bauch liegen, häufiger sterben als Kinder, die auf dem Rücken liegen.

Das hängt wohl damit zusammen, dass bei manchen Kindern in der Bauchlage die Atemwege zugedrückt werden.

Daher wird heutzutage empfohlen, das Baby immer auf den Rücken zu legen, wenn man es zum Schlafen ins Bett legt.

Seit die meisten Babies beim Schlafen auf dem Rücken liegen, ist die Zahl der Opfer des plötzlichen Kindstods deutlich zurück gegangen.

Keine Kuscheltiere ins Bettchen

Ein Teddybär oder gar eine ganze Armada von Kuscheltieren gehört aus der Sicht vieler Menschen in jedes Kinderbett.

Doch heutzutage hat sich die Einstellung dazu geändert.

Der Grund dafür ist, wie bei der empfohlenen Rückenlage, die Gefahr für den plötzlichen Kindstod (siehe Seite 95).

Das Kuscheltier im Bett kann die Atemwege des Säuglings blockieren und so zum Erstickungstod führen. Das gleiche gilt für bauschige Kopfkissen und Federbetten.

Um die Gefahr des plötzlichen Kindstods zu mindern, liegen kleine Babies heutzutage also auf dem Rücken in ihrem Bett ohne Kuscheltiere, Kopfkissen und Bettdecke.

Gewärmt werden sie durch einen Schlafsack, der nicht über das Gesicht rutschen kann.

Für traditionell eingestellte Menschen, vor allem Ältere, ist das nur schwer vorstellbar. Dem kleinen Erdenbürger fehlt durch die moderne Art der Bettung die Gemütlichkeit im Bett, weil alles so kahl ist.

Aber diese Vorgehensweise rettet nachweislich zahlreiche Kinderleben.

Nicht schütteln

Wenn ein Kind stundenlang schreit und die Nerven blank liegen, lässt sich manch ein entnervter Erwachsener dazu hinreißen, das Baby kräftig durch zu schütteln.

Schließlich will man ein Baby heutzutage nicht mehr schlagen, weder ins Gesicht, aber auch nicht auf den Windelpo, denn Schlagen ist absolut tabu.

Nicht alle Erwachsenen wissen jedoch, dass das Schütteln von Säuglingen besonders schlimm sein kann.

Manch ein Baby ist durch eine Schüttelattacke schon gestorben, andere erleiden einen dauerhaften Hirnschaden. Beim Schütteln wird das Gehirn des Babies nämlich von innen an den Schädelknochen geschlagen, bei jeder Schüttelbewegung.

Im Vergleich zu einem Klaps auf den Windelpo ist Schütteln erheblich schlimmer und schädlicher für das Baby. Ein Klaps auf den Po ist jedoch auch keine Lösung, denn ein schreiendes Baby wird dadurch ganz bestimmt nicht ruhig und als Erwachsener fühlt man sich dadurch auch nicht besser - ganz im Gegenteil.

Die einzige Alternative bei nervenzerfetzendem, unstillbarem Dauergeschrei, das Sie zur aggressiven Verzweiflung treibt, besteht darin, das Kind sanft ins Bett zu legen (oder an einen anderen sicheren Platz) und für eine Weile woanders hin zu gehen, wo man sich beruhigen kann.

Wenn man dann wieder etwas entspannter ist, kann man wieder zu seinem gepeinigtem Schreibaby gehen, falls es nicht doch noch eingeschlafen ist.

Noch besser wäre es natürlich, wenn man einen anderen Erwachsenen findet, der sich um das schreiende Baby kümmert, so lange man sich abregen geht.

Gegen Dauerschreien gibt es jedoch Methoden, die helfen können, wenn man sie konsequent anwendet (siehe Seite 63) Dadurch kann man nicht nur sein Baby beruhigen, sondern auch die eigenen Nerven schonen, sodass es gar nicht mehr zum verzweifelten Schütteldrang kommen muss.

Niemals alleine auf dem Wickeltisch

Nicht einmal für eine Sekunde sollte man sein Baby alleine auf dem Wickeltisch liegen lassen.

Das gilt sogar für Neugeborene, die sich noch gar nicht umdrehen können. Denn es kann sehr leicht passieren, dass sie das Umdrehen ausgerechnet in dem Moment lernen, wenn sie alleine auf dem Wickeltisch liegen.

Der Wickeltisch stellt eine ausgesprochene Sturzgefahr für ein Baby dar.

Wenn das Baby vom Wickeltisch auf den harten Fußboden fällt, kann es ein schweres Schädeltrauma oder eine sonstige Verletzung erleiden.

Falls beim Wickeln ein wichtiger Anruf kommt oder die Milch anbrennt, sollte man das Baby also nicht auf dem

Wickeltisch liegen lassen. Nicht einmal eine Sekunde. Im Zweifelsfall wäre es sogar noch besser, es für einige Sekunden auf den Fußboden zu legen. Da ist es zwar hart und ungemütlich, aber wenigstens kann das Baby nicht herunter fallen. Natürlich gibt es auch noch zahlreiche bessere Plätze, um das Baby kurzzeitig hinzulegen, auch wenn der Babypo noch schmutzig ist.

Keine kleinen Gegenstände überlassen

Sobald Babies ihre Hände gezielt benutzen können, stecken sie alles in den Mund, was in ihre Hände gelangt.

Ziemlich oft stecken sie sich auch kleine Gegenstände in die Nase, beispielsweise eine kleine Erbse.

Damit das Baby keine Gegenstände verschluckt oder in die Nase steckt, sollte man solche Dinge gar nicht erst in die Reichweite des Babies gelangen lassen.

Falls das Baby doch einmal etwas verschluckt, kommt es darauf an, was es verschluckt hat.

Wenn es klein und rund ist, beispielsweise eine Erbse oder eine kleine Holzperle, wird der Gegenstand wahrscheinlich durch den Verdauungskanal wandern und schließlich in der Windel landen, ohne Schaden anzurichten.

Aber wenn der Gegenstand groß, scharfkantig oder giftig ist, kann es für das Baby gefährlich werden.

Daher sollte man in einem solchen Fall schnell einen Arzt oder ein Krankenhaus aufsuchen. Im Zweifelsfall sollte man den Notarzt anrufen, damit er Tipps für die erste Hilfe geben kann.

Auch bei kleinen Gegenständen in der Nase oder im Ohr sollte man unbedingt einen Arzt hinzuziehen.

Wann zum Arzt

Wenn es dem Baby nicht gut geht, fragt man sich als junge Eltern oft, ob man mit dem Baby zum Arzt gehen sollte oder nicht.

Falls das Baby nachts unaufhörlich schreit und sich gar nicht mehr beruhigen mag, fragt man sich sogar, ob man vielleicht mit ihm ins Krankenhaus fahren sollte.

Vielleicht trifft man nicht immer die richtige Entscheidung, ob man einen Arzt aufsucht oder nicht. Aber im Zweifelsfall sollte man lieber einmal zu oft zum Arzt gehen als einmal zu wenig.

Wenn man sich also unsicher ist: Lieber den Arzt zu Rate ziehen, um auf Nummer Sicher zu gehen.

Hier einige Faustregeln, wann mit dem Baby unbedingt zum Arzt gehen sollte:

- Wenn das Baby Fieber über 38,5°C hat.
- Wenn das Baby mehr als 3 Tage lang Fieber über 38°C hat.
- Wenn das Baby Fieber zwischen 38°C und 38,5°C hat und man nicht weiß, woher das Fieber kommt.
- Wenn das Baby Fieberkrämpfe hat.
- Wenn das Baby ungewöhnlich lange schreit.
- Wenn das Baby stark erkältet ist.
- Wenn das Baby unter Atemnot leidet (sofort zum Arzt!).
- Wenn das Baby starken Durchfall hat oder sich mehrmals stark erbricht.
- Wenn das Baby Fieber mit leichtem Durchfall oder Erbrechen hat.
- Wenn das Baby erheblich mehr schläft als sonst.
- Wenn das Baby sehr kraftlos ist und nicht trinken will.
- Wenn das Baby blaue Lippen hat.

Baby-Hausapotheke

Damit man für die Baby-Gesundheit gut ausgerüstet ist, kann man sich eine Hausapotheke einrichten, wenn man nicht sowieso schon eine hat.

Weil Babies andere Gesundheitsprobleme haben als größere Kinder oder Erwachsene, braucht man einige spezielle Hilfsmittel für das Baby.

Folgende medizinische Ausrüstungsgegenstände sind in der Baby-Hausapotheke sinnvoll:

- Fieber-Thermometer mit elastischer Spitze
- Fieber-Zäpfchen (schulmedizinisch)
- Physiologische Kochsalzlösung als Nasentropfen
- Fenchel-Tee (mit Teefläschchen)
- Zinksalbe
- Gel gegen Insektenstiche und leichte Verbrennungen
- Tropfpipette
- Babynagelschere mit abgerundeter Spitze

Naturheilkundliche Mittel

- Kirschkernkissen oder Dinkelkissen
- Veilchenwurzel
- Bernsteinkette (eventuell)
- Bäuchlein-Öl
- Kräuter-Zäpfchen gegen Bauchschmerzen
- Kräuter-Zäpfchen gegen Fieber und Zahnungsprobleme
- Notfalltropfen (Bachblüten)

Verbandmaterial - Pflaster

- Verschiedene Pflaster für sensible Haut oder Kinder
- Mullverband
- Sterile Kompressen
- Elastische Binde

- Wunddesinfektion (nicht brennend)
- Splitter-Pinzette
- Verbandschere
- Wärmflasche
- Zeckenzange

Darüber hinaus gehören die vom Arzt verschriebenen Medikamente in die Hausapotheke.

Nachfolgend werden die einzelnen Bestandteile der Hausapotheke beschrieben.

Fieber-Thermometer

Heutzutage haben sich digitale Fieberthermometer durchgesetzt. Sie messen nicht nur schnell und zuverlässig. Vor allem enthalten sie kein Quecksilber, sodass keine Gefahr für die Gesundheit besteht, falls das Thermometer einmal herunter fallen sollte.

Moderne Digitalthermometer gibt es mit elastischer Spitze, sodass sie bei der Messung im empfindlichen Baby-Po nicht so leicht zu Verletzungen führen können. Die Messung mit einem solchen Digitalthermometer dauert meistens nur eine Minute.

Am genauesten ist die rektale Messung im Po.

So führt man eine Fiebermessung im Po durch:

- Zuerst cremt man die Thermometerspitze etwas ein, damit sie leichter in den Po gleiten kann.
- Das Baby liegt zur Messung auf dem Rücken.
- Die Beine werden angehoben und bei kleinen Babies mit einer Hand festgehalten.
- Das Thermometer wird eingeschaltet und sanft in den Po geschoben. Die Spitze sollte nur etwa ein bis zwei Zentimeter eindringen.
- Mit der Hand, die das Thermometer hält, kann man sich mit freien Fingern am Baby-Po abstützen, damit

das Thermometer bei Bewegungen des Babies nicht das Baby verletzt.

- Sobald das Thermometer piept, ist die Messung fertig.
- Das Thermometer kann jetzt aus dem Baby-Po entfernt werden.
- Dann kann man die Temperatur ablesen.
- Ab 38°C spricht man von Fieber.

Seit einer Weile gibt es auch spezielle Thermometer für die schnelle Messung im Ohr oder auf der Stirn. Diese Thermometer haben den Vorteil, dass sie sehr schnell messen. Innerhalb weniger Sekunden hat man das Messergebnis. Außerdem ist die Messung im Ohr angenehmer als die Messung im Po.

Doch leider ist die Messung mit einem Ohrthermometer oft weniger genau als die rektale Messung mit dem Digitalthermometer. Die Abweichung der gemessenen Temperatur kann beim Ohrthermometer plus-minus 0,5°C betragen. Die stärksten Abweichungen entstehen, wenn das Thermometer zu schräg gehalten wird, oder wenn sich zu viel Ohrschmalz im Ohr befindet.

Mehr Informationen über Fieber bei Säuglingen finden Sie auf Seite 85.

Fieber-Zäpfchen

Am besten kommt man bei seinem Baby ohne Fieberzäpfchen aus, denn Fieber ist eigentlich ein Heilmittel des Körpers gegen Infektionen.

Doch wenn das Fieber zu stark ist oder das Baby starke Schmerzen hat, ist es sehr hilfreich, wenn man Fieberzäpfchen im Haus hat.

Diese Fieberzäpfchen sollten medizinische Zäpfchen mit einem chemischen Wirkstoff sein, damit man sich auf eine kräftige Wirkung verlassen kann.

Für Babies wird meistens der Wirkstoff Paracetamol verwendet, weil er bei Babies sehr mild wirkt.

Bei Erwachsenen ist Paracetamol weniger empfehlenswert, weil es zusammen mit Alkohol zu schweren Leberschädigungen führen kann. Davon sind die Babies aber nicht betroffen, weil sie ja keinen Alkohol zu sich nehmen.

In Apotheken erhält man Fieberzäpfchen, die speziell für Babies dosiert sind, beispielsweise mit 75 mg Paracetamol pro Zäpfchen.

Man kann sie, nach Rücksprache mit dem Arzt, ab etwa 39°C Fieber geben.

Die gleichen Zäpfchen sind auch Schmerzmittel, sodass sie auch bei besonders starken Zahnungsschmerzen vorübergehende Hilfe bringen können.

Da es sich bei diesen Zäpfchen um wirksame Medikamente handelt, sollte man sie nicht ohne Rücksprache mit dem Arzt über einen längeren Zeitraum anwenden.

In leichten Fällen kann man die Behandlung auch mit einem naturheilkundlichen Fieberzäpfchen versuchen (siehe Seite 33).

Physiologische Kochsalzlösung als Nasentropfen

Bei Schnupfen träufelt man dem Baby am besten Kochsalzlösung oder Muttermilch in die Nase (siehe Seite 100).

Physiologische Kochsalzlösung gibt es speziell als Nasentropfen für Babies in Apotheken und guten Drogerien. Meistens werden diese Nasentropfen als Nasentropfen mit Meersalz bezeichnet.

Am hygienischsten sind Nasentropfen in Einzelportionen, so wie man auch Augentropfen erhält.

Wenn man die Berührung mit der Nase meidet, kann man aber auch Nasentropfen oder Sprays verwenden, die mehrere Portionen enthalten.

Falls man keine Nasentropfen in der Hausapotheke hat, wenn das Kind Schnupfen hat, kann man die physiologische Kochsalzlösung auch selber herstellen.

Eine physiologische Kochsalzlösung ist Wasser mit Salz in einer geringen Konzentration. Die Konzentration entspricht der Salzkonzentration im menschlichen Körper. Daher wird physiologische Kochsalzlösung vom Körper problemlos vertragen. Bei der physiologischen Kochsalzlösung sind 9 Gramm Salz in einem Liter Wasser enthalten.

So stellt man physiologische Kochsalzlösung selber her:

- Man bringt einen Liter Wasser auf dem Herd zum kochen.
- Das Wasser lässt man 5 Minuten lang kochen, damit die Krankheitserreger abgetötet werden.
- Dann gibt man einen Teelöffel normales Kochsalz oder Meersalz in das heiße Wasser. Der Teelöffel entspricht in etwa den 9 Gramm, die für eine physiologische Kochsalzlösung gebraucht werden.
- Man wartet ab, bis sich das Salz aufgelöst hat.
- Dann kann man das leicht salzige Wasser für Nasentropfen verwenden.
- Es hält sich einen Tag lang, dann muss man neue Kochsalz-Lösung zubereiten.

Wenn man eine kleinere Menge physiologische Kochsalzlösung zubereiten will, braucht man eine feine Waage, um kleinere Mengen Salz abzuwiegen. Für 250 ml Wasser braucht man etwa 2 Gramm Salz.

Hinweis zu medizinischen Nasentropfen

Nasentropfen mit chemischen Wirkstoffen, die die Nasenschleimhäute abschwellen lassen, sollte man bei Säuglingen besser nicht verwenden, weil sich die Schleimhäute daran gewöhnen. Nur wenn die verstopfte Nase sehr starke Beschwerden verursacht und der Arzt auf chemischen Nasentropfen besteht, sollte man eine Ausnahme machen.

Fenchel-Tee

Fenchel-Tee ist der einzige Kräutertee, der zur Behandlung von kleinen Babies geeignet ist.

Man gibt ihn vor allem, wenn das Baby unter Blähungen leidet. Man kann ihn aber auch gegen Erkältung und Husten geben.

Für Babies sollte der Fencheltee dünner zubereitet werden als für Erwachsene. Ein Teebeutel reicht für zwei bis drei Tassen.

Der Tee sollte auf alle Fälle nur lauwarm verabreicht werden, keinesfalls heiß.

Wenn man stillt, sollte man extra für diesen Zweck eine kleine Trinkflasche vorrätig halten, am besten eine mit Teesauger.

Manche Stillkinder können aber nicht aus Saugern trinken. In diesem Fall kann man den Tee mit einem Teelöffel schluckweise verabreichen.

Zinksalbe

Gegen einen wunden Po hilft eine pastenartige Zinksalbe sehr gut.

Eine besonders gute Wirkung erzielt man mit Desitin-Salbe® aus der Apotheke. Diese Salbe enthält außer Zink auch noch Lebertran, der bei der Wundheilung hilft. Zwar riecht die Salbe eher unangenehm, aber dafür wirkt sie umso besser.

Man kann es aber auch mit anderen Zinksalben versuchen. Die Wirkung ist meistens auch sehr gut.

Wenn das Baby eine starke Pilzinfektion am Po hat, braucht man möglicherweise eine pilztötende Creme, die vom Arzt verschrieben wird.

Gel gegen Insektenstiche und leichte Verbrennungen

Gegen Insektenstiche, leichte Verbrennungen und Sonnenbrand sollte man ein Gel in der Hausapotheke vorrätig haben.

Man erhält solche Gels in der Apotheke, wahlweise schulmedizinisch mit chemischen Wirkstoffen oder naturheilkundlich mit natürlichen Wirkstoffen.

Bei den naturheilkundlichen Gels sollte man jedoch unbedingt darauf achten, dass keine intensiven ätherischen Öle verwendet werden. Für Säuglinge sind solche intensiven ätherischen Öle nämlich zu stark und können Schaden anrichten. Wenn das Gel zu stark duftet, sollte man es also nicht für das Baby verwenden. Für die erwachsenen Familienmitglieder kann man es jedoch verwenden.

Tropfpipette

Eine Tropfpipette dient beispielsweise dazu, selbst gemachte physiologische Kochsalzlösung in die Nase des Babies zu tropfen, falls es Schnupfen hat.

Auch für andere Zwecke kann eine Tropfpipette nützlich sein.

Man sollte die Tropfpipette jedoch nur für eine Art von Flüssigkeiten verwenden und außerdem nach Gebrauch immer sehr gründlich reinigen.

Baby-Nagelschere

Um die Fingernägel von Babies zu schneiden, braucht man eine Nagelschere mit abgerundeten Spitzen. So kann man vermeiden, dass man das Baby sticht, wenn man ihm die Nägel schneidet.

Direkt nach der Geburt sind die Fingernägel meistens noch so weich, dass sie von selber abbrechen, sodass man sie nicht schneiden muss.

Doch wenn die Nägel wider Erwarten so hart sind, dass sich das Baby damit kratzt, müssen sie geschnitten werden. Dazu kann man die Baby-Nagelschere dann gut gebrauchen.

Kirschkernkissen oder Dinkelkissen

Weil eine Wärmflasche für kleine Babies noch zu groß ist und den kleinen Körper überhitzen kann, kann man stattdessen ein Kirschkernkissen oder ein Dinkelkissen verwenden.

Ein Kirschkernkissen enthält getrocknete Kirschkerne und ein Dinkelkissen enthält Dinkelkörner.

Das Kirschkernkissen wirkt intensiver, aber der Inhalt klappert etwas, weil die Kirschkerne hart sind. Außerdem ist das Kissen deshalb etwas grob.

Das Dinkelkissen enthält feinere Körner und ist deshalb weniger grob. Es macht auch kaum Geräusche.

Um das Innenkissen mit den Körnern herum, gibt es häufig noch eine Zierhülle, oft in Form eines Kuscheltiers.

- Um das Wärmekissen zu nutzen, entnimmt man es der Außenhülle.
- Dann erwärmt man es auf der Heizung, im Backofen oder, in eine Tüte verpackt, im heißen Wasserbad. In der Mikrowelle sollte man es nicht erhitzen, weil es sonst zu heiß werden könnte.
- Wenn das Kissen warm genug ist, entnimmt man es der Wärmequelle.
- Dann kann man es auf den Bauch des Babies legen.
- So hilft das Kissen gegen krampfartige Bauchschmerzen, beispielsweise bei Blähungen.

Man kann Kirschkernkissen und Dinkelkissen auch zur Kühlung verwenden, beispielsweise bei Prellungen oder Verstauchungen. Dazu legt man es in den Kühlschrank oder Eisfach, um die Körner zu kühlen.

Veilchenwurzel

Veilchenwurzeln erhält man in Apotheken oder Drogerien. Dieses traditionelle Hausmittel wird zahnenden Babies zum Kauen angeboten.

Das Beißen auf der Veilchenwurzel soll gegen die Schmerzen beim Zahnen helfen. Die Wurzel ist relativ elastisch und gibt geringe Mengen lindernde Wirkstoffe ab. Die Wurzel splittert nicht und stellt daher keine Gefahr für das Baby dar. Man sollte das Baby jedoch nicht unbeaufsichtigt auf der Veilchenwurzel kauen lassen.

Die Veilchenwurzel wird übrigens nicht aus der Wurzel des violetten, kleinen Veilchens gemacht, sondern aus der Wurzel der Schwertlilie (Iris Pallida).

Die Veilchenwurzel sollte man dem Baby nur unter Aufsicht geben.

Bernsteinkette

Bernsteinketten sind sehr beliebt, um die Zahnungsbeschwerden von Säuglingen zu lindern.

Das Baby kann darauf herum kauen, wenn das Zahnfleisch mit dem durchbrechenden Zähnchen schmerzt.

Der Bernstein ist relativ weich, denn es ist ja kein Stein, sondern ein besonders kompaktes Harz.

Feinstofflich betrachtet, soll Bernstein in der Lage sein, die Persönlichkeit eines Menschen speichern, der Bernsteinschmuck eine Weile trägt. Für das Baby kann man sich das folgendermaßen zu Nutze machen: Die Mutter trägt die Bernsteinkette für eine Weile. Die mütterliche Energie wird auf die Kette übertragen. Dann bekommt das Baby die Bernsteinkette. So fühlt es sich seiner Mutter immer nahe.

Die Bernsteinkette sollte man dem Baby nur unter Aufsicht geben.

Bäuchlein-Öl

Weil viele Säuglinge in den ersten drei Monaten unter Blähungen leiden (siehe Seite 78), gibt es spezielle Massageöle für Babybäuche.

Diese Massageöle enthalten geringe Mengen ätherische Öle, die krampflösend wirken und gegen Blähungen helfen.

Das bekannteste Öl dieser Art, das Bäuchlein-Öl von Weleda®, enthält folgende ätherische Öle: Majoran, römische Kamille und Kardamom.

Alternativ könnten auch Fenchel oder Anis für solch ein Öl geeignet sein.

Viele Babies wollen keine Einreibung des Bauches, wenn sie akute Blähungen haben, weil der Bauch dann sowieso schmerzhaft gespannt ist. Dann sollte man den Bauch zu einem anderen Zeitpunkt mit dem Bäuchlein-Öl einreiben. Andere Babies freuen sich über eine sanfte Bauchmassage, wenn sie gerade unter Blähungen leiden.

- Um das Bäuchlein-Öl auf dem Babybauch einzureiben, braucht man warme Hände.
- Wenn die Hände warm sind, nimmt man eine geringe Menge Bäuchlein-Öl auf die Handfläche.
- Mit dem Öl reibt man den nackten Babybauch sanft im Uhrzeigersinn ein.
- Wenn dem Baby die Einreibung behagt, kann man sie eine Weile fortführen.
- Anschließend kann man dem Baby nach dem Anziehen ein warmes Kirschkernkissen auf den Bauch legen.

Kräuter-Zäpfchen gegen Bauchschmerzen

Mehrere Hersteller von naturheilkundlichen Arzneimitteln (z.B. Weleda® und Wala®) bieten Zäpfchen gegen Baby-Blähungen an.

Die meisten dieser Zäpfchen enthalten Kümmel (Carum carvi), der sehr gut gegen Blähungen hilft.

Der Kümmel-Auszug ist in niedriger Dosierung in diesen Zäpfchen enthalten, aber ausreichend dosiert, um eine messbare Wirkung auf den kindlichen Darm zu haben. Es handelt sich also um Kräuter-Medizin und nicht um feinstoffliche, homöopathische Mittel, auch wenn manchmal ein anderer Eindruck vorherrscht.

Man kann solch ein Zäpfchen verabreichen, wenn sich das Baby mit Blähungen quält. Aber bis es wirkt, kann einige Zeit vergehen. Wenn das Baby schon vor lauter Schmerzen ganz außer sich ist, kann es auch sein, dass das Zäpfchen nicht mehr gut genug hilft.

Daher wäre es bei regelmäßig auftretenden Blähungen am besten, das Zäpfchen schon eine gute Stunde vor dem üblichen Beginn der Blähungsattacke zu geben. Das wäre meistens im Verlauf des Nachmittags, weil die Blähungen oft gegen Abend besonders stark werden.

Kräuter-Zäpfchen gegen Fieber und Zahnungsprobleme

Auch gegen Fieber und Zahnungsschmerzen gibt es naturheilkundliche Zäpfchen speziell für Babies.

Zu diesen Zäpfchen gehören Angebote von Weleda® und Wala® und Viburcol® von der Firma Heel®. Sie sind alle relativ ähnlich zusammengesetzt.

Diese Zäpfchen wirken schmerzlindernd, entkrampfend, leicht beruhigend und leicht fiebersenkend.

Ihre Wirkung basiert bei den meisten Produkten auf niedrig dosierten klassischen Heilpflanzen, wie beispielsweise Kamille. Pflanzen wie Tollkirsche und manchmal auch Mohn sind in so starker Verdünnung eingearbeitet, das sie nicht mehr giftig sind, aber immer noch eine biologisch erklärbare Wirkung haben.

Streng genommen handelt es sich bei diesen Zäpfchen nicht um echte homöopathische Mittel, sondern eher um Kräutermedizin, obwohl die Bestandteile in der Zutatenliste als homöopathische Potenzierung in D2 oder D3 aufgeführt sind.

Dies spielt insofern eine Rolle, als die Wirkung der Zäpfchen nicht rein feinstofflich ist, sondern auf einer tatsächlichen Kräuterwirkung basiert. Die starken Kräuter (z.B. Belladonna) sind jedoch so niedrig dosiert, dass sie nicht giftig sind, auch nicht für Babies. Die Gesichtspunkte bei der Zusammenstellung der Kräuter basieren auf der anthroposophischen Medizin, eine sanfte Form der Naturheilkunde.

Man kann sich von diesen Zäpfchen also auch als Skeptiker durchaus eine echte Wirkung erwarten, wenn auch eine sehr milde.

Wenn das Baby in die Zahnungsphase kommt, kann man diese milden Zäpfchen ausprobieren und dann an den schlimmen Zahnwehtagen auf die Zäpfchensorte zurückgreifen, die dem eigenen Baby am besten hilft.

Auch bei kindlichen Erkältungen, Fieber und ausgeprägten Schlafstörungen aus anderen Gründen kann man diese Zäpfchen einsetzen.

Sie stellen fast eine Art Rundum-Medizin für das Säuglingsalter dar.

Doch auch wenn man dank dieser Kräuterzäpfchen ein gutes Allzweckmittel zur Hand hat, sollte man sich bei neu auftretenden oder hartnäckigen Beschwerden die Mühe machen, nach der Ursache der Beschwerden fahnden und diese nach Möglichkeit beheben.

Notfalltropfen (Bachblüten)

Die feinstofflichen Bachblüten bieten eine feste Blütenkombination zur Behandlung der kleinen Notfälle des Alltags.

Diese Blütenkombination ist daher als "Notfalltropfen" bekannt.

Man erhält die Notfalltropfen in flüssiger Form mit etwas Alkohol, weshalb sie nicht für Babies geeignet sind.

Für Babies sind die Notfalltropfen eher als Globuli geeignet. Globuli sind kleine Zucker-Kügelchen.

Diese Globuli kann man auf einem Teelöffel in Wasser oder Muttermilch auflösen. Dann gibt man sie dem Baby in den Mund.

Größeren Babies kann man einzelne Globuli auch in den Mund in die Backentasche geben, sodass sie sich langsam im Mund auflösen.

Die Notfalltropfen können helfen, wenn sich das Baby erschreckt hat, besonders schlechter Laune ist oder unter harmlosen aber unangenehmen Gesundheitsbeschwerden leidet. Auch bei Blähungen oder Zahnungsschmerzen kann man Notfalltropfen begleitend geben.

Man sollte sich jedoch bewusst machen, dass die Wirkung der Notfalltropfen rein feinstofflich ist. Sie wirken auf die Seele und nicht auf den Körper.

Verbandmaterial

Normalerweise kommt ein Baby im ersten Lebensjahr kaum in die Situation sich zu verletzen.

Doch man kann nicht ausschließen, dass es bei einem Baby zu Verletzungen kommt, vor allem, wenn es erst einmal krabbelt oder sich überall hochzieht.

Daher sollte man die Hausapotheke mit den wichtigsten Utensilien für die Wundbehandlung ausrüsten, beispielsweise Pflaster, sterile Kompressen, Mullverband und elastische Binden.

Auch eine nicht brennende Wunddesinfektion wäre sinnvoll, falls es zu Wunden in schmutziger Umgebung kommt.

Als Werkzeuge für den Fall der Fälle kann man eine Splitter-Pinzette, eine Verbandschere, eine Wärmflasche und eine Zeckenzange gebrauchen.

Medikamenten-Anwendung beim Baby

Kleine Babies können Medikamente noch nicht so einnehmen wie große Kinder oder Erwachsene. Beispielsweise können sie noch keine Kapseln oder Tabletten schlucken.

Daher braucht man einige spezielle Methoden, um dem Baby die vorgesehene Medizin zu verabreichen.

Die Medikamente werden teilweise auch anders dargereicht, um die Anwendung zu erleichtern. Beispielsweise gibt es für Babies viele Zäpfchen, weil deren Anwendung für Babies gut geeignet ist.

Nachfolgend werden die häufigsten Medikamenten-Zubereitungsformen und ihre Anwendung bei Babies beschrieben.

Zäpfchen

Zäpfchen sind in der Baby-Heilkunde sehr beliebt, weil sie nicht geschluckt werden müssen. Bei den Babies selbst sind sie natürlich nicht beliebt, weil es beim Einführen der Zäpfchen etwas unangenehm ist.

Zäpfchen sind normalerweise länglich mit einem spitz zulaufenden Ende. Sie bestehen meistens vor allem aus Kakaobutter. Kakaobutter ist bei Zimmertemperatur fest und schmilzt bei Körpertemperatur. In die Kakaobutter sind die Wirkstoffe des Zäpfchens eingearbeitet.

Das Zäpfchen wird in den Po des Babies eingeführt.

- Damit es gut gleitet, bestreicht man das Zäpfchen vorher am besten mit einer Creme.
- Dann schiebt man es in den Baby-Po. Das hintere Ende des Zäpfchens sollte etwa ein bis zwei Zentimeter ins Innere des Körpers vordringen,

sodass sich der After danach wieder vollständig schließen kann.

Wenn das Zäpfchen nicht tief genug geschoben wird, drückt es unangenehm am Schließmuskel. Wenn es hingegen tief genug sitzt, wandert es von selbst in einen geräumigeren Bereich des Darms und ist dann kaum noch spürbar.

Dort löst es sich auf und setzt die Wirkstoffe frei. Die Wirkstoffe werden von der Darmschleimhaut aufgenommen und wandern von dort ins Blut.

Nach etwa einer halben Stunde kann man mit dem Eintritt der Wirkung des Zäpfchens rechnen.

Tabletten

Tabletten werden Säuglingen eher selten gegeben, aber manchmal lässt es sich nicht vermeiden. Es sollten jedoch nur Tabletten verwendet werden, die für Babies geeignet sind.

Damit das Baby die Tablette schlucken kann, muss man sie zerkleinern.

Dazu geht man folgendermaßen vor:

- Die Tablette wird auf einem Teelöffel mithilfe der Rückseite von einem anderen Teelöffel zerdrückt.
- Dann gibt man etwas Muttermilch oder Wasser dazu, damit sich die Tablettenkrümel auflösen können.
- Sobald sich die Tablettenkrümel aufgelöst haben, gibt man dem Baby den Tablettenbrei mit dem Löffel.
- Da der Tablettenbrei normalerweise grässlich schmeckt, legt man das Baby gleich anschließend an die Brust oder gibt im etwas Tee mit dem Fläschchen. So kann der unangenehme Geschmack schnell

herunter gespült werden. Das Baby ist dann eher bereit, auch in Zukunft bei der Tabletteneinnahme zu kooperieren.

Globuli

Globuli sind winzige Kügelchen, die aus Zucker bestehen. Die Kügelchen sind mit der Wirksubstanz benetzt.

Ursprünglich wurden Globuli ausschließlich für homöopathische Mittel verwendet. Doch weil die Globuli so beliebt sind und vor allem von Kindern gerne eingenommen werden, werden inzwischen auch andere naturheilkundliche Mittel als Globuli angeboten, beispielsweise Bachblüten oder Schüssler-Salze.

Globuli sind einfach anzuwenden.

Anleitung für kleine Babies:

- Für kleine Säuglinge braucht man meistens nur ein einzelnes Globuli.
- Man gibt das Globuli auf einen Teelöffel.
- Eine kleine Menge Muttermilch oder Wasser werden dazu gegeben.
- Das Globuli beginnt, sich in der Flüssigkeit aufzulösen. Es muss sich nicht einmal vollständig auflösen, weil sich die Wirkstoffe ja nur an der Außenseite des Kügelchens befinden.
- Die Flüssigkeit wird dem Baby mit dem Löffel gegeben.

Anleitung für größere Babies:

- Größeren Babies kann man ein oder mehrere Globuli in die Wangentasche schieben, also zwischen Kiefer und Wange.
- Das Globuli wird sich in wenigen Minuten auflösen und seine Wirkstoffe abgeben.

Tropfen

Bei Medizin in Tropfenform sollte man darauf achten, dass sie keinen Alkohol enthalten. Andere Tropfen kann man verwenden, sofern sie vom Arzt verschrieben wurden.

- Die Tropfen gibt man in kleinen Portionen auf einen Teelöffel.
- Falls viele Tropfen notwendig sind, verteilt man sie am besten auf mehrere Löffelportionen, damit das Baby nicht zu viel Medizin auf einmal in den Mund bekommt. Sonst könnte es sich verschlucken.
- Die Tropfenportion auf dem Löffel wird dem Baby in den Mund gegeben. Bei mehreren Portionen wird dieser Vorgang wiederholt.
- Wenn die Tropfen unangenehm schmecken, kann man das Baby anschließend an die Brust anlegen oder einen Tee mit dem Fläschchen geben.

Nasentropfen

Wenn das Baby Schnupfen hat, kann man ihm physiologische Kochsalzlösung oder Muttermilch als Nasentropfen geben.

Am besten wärmt man die Nasentropfen im Wasserbad ein wenig an, damit sie nicht so kalt sind. Das gilt natürlich nicht für Muttermilch, die man als Nasentropfen verwendet. Durch das Aufwärmen der Nasentropfen-Flasche wird deren Haltbarkeit verringert. Man sollte also schon vor Ablauf des Haltbarkeitsdatums neue Nasentropfen kaufen.

- Zur Anwendung der Nasentropfen wird ein einzelner Tropfen in jedes Nasenloch geträufelt.
- Dabei sollte man vermeiden, mit der Pipette die infizierte Nase zu berühren, damit die Pipette nicht mit Krankheitserregern in Kontakt kommt.

Mein Baby schreit

Weinen und Schreien ist die einzige Möglichkeit, wie sich ein Baby artikulieren kann.

Daher kann Babyschreien zahlreiche Gründe haben und ebenso zahlreiche Bedürfnisse ausdrücken. Diese vielen Gründe stellen junge Eltern oft vor große Rätsel.

Auf den nächsten Seiten werden die häufigsten Ursachen für Babyweinen beschrieben. Außerdem erfahren Sie, unter welchen Bedingungen welche Schrei-Gründe besonders wahrscheinlich sind.

Schließlich werden Methoden erläutert, die dabei helfen können, dass sich dauerschreiende Babies beruhigen.

Gründe für Babyweinen

Man kann nicht immer genau herausfinden, warum ein Baby weint, aber oft genug gelingt es. Man muss sich jedoch so gut es geht in das Baby hinein versetzen. Nach und nach lernt man das Baby immer besser kennen, sodass es auch immer leichter fällt, seine Gründe für das Schreien zu verstehen.

Grundsätzlich kann man davon ausgehen, dass es immer einen oder mehrere Gründe gibt, warum ein Baby schreit. Es schreit keineswegs, um die Eltern zu ärgern. So etwas kommt, wenn überhaupt, erst bei deutlich größeren Kindern vor.

Die Gründe für das Babyweinen sind jedoch häufig nicht greifbar, beispielsweise wenn das Baby unter Reizüberflutung leidet. Manchmal kann man die Ursachen für das Weinen auch nicht schnell beheben, beispielsweise wenn es krank ist und Schmerzen hat.

Dennoch ist es wichtig zu wissen, dass das Schreien immer begründet ist, und dass das Baby mit dem Schreien ein Bedürfnis ausdrückt.

Hunger

Hunger ist wohl der häufigste Grund für Babyschreien. Aber nicht immer, wenn ein Baby schreit, hat es Hunger.

Mindestens alle zwei Stunden wird ein kleines Baby hungrig. Bei Neugeborenen kann der Hunger sogar noch früher auftreten, weil sie bei einer Mahlzeit manchmal nur genug für eine oder anderthalb Stunden trinken.

Verfrühte Hungergefühle gibt es auch bei jedem Wachstumsschub des Babies. Solche Wachstumsschübe gibt es immer wieder und zwar ziemlich oft.

Wenn das Baby also plötzlich viel schneller wieder hungrig wird, als in den Tagen zuvor, dann kann es sich um einen Wachstumsschub handeln.

Erst im Laufe der Monate verlängern sich die Abstände von Mahlzeit zu Mahlzeit. Das Baby hält dann drei bis vier Stunden durch, bis es wieder hungrig wird. Aber diese längeren Abstände kann man nicht erzwingen und nicht jedes Baby gewöhnt sich an längere Abstände zwischen den Mahlzeiten.

Wenn das Baby hungrig ist, klingt sein Weinen oft fordernd und kräftig. Man könnte es manchmal sogar empört nennen. Aber der Klang eines hungrigen Babies ist von Kind zu Kind verschieden und kann auch von Zeit zu Zeit wechseln.

Ein typisches Zeichen für Hunger können auch suchende Bewegungen sein. Wenn das Baby seinen Kopf dreht, als wollte es sich zur Brust hinwenden, dann kann das auf Hunger hindeuten.

Wenn ein Baby nach dem Aufwachen weint, dann hat es häufig Hunger. Seit der letzten Mahlzeit ist schließlich eine gewisse Zeit vergangen.

Magen-Dickdarm-Reflex

Manche Babies schreien gleich zu Beginn einer Mahlzeit, obwohl sie offensichtlich hungrig sind.

Dieses Schreien beim Trinken kann junge Mütter vor große Rätsel stellen.

Wenn man jedoch weiß, wie die kindliche Verdauung funktioniert, ist die Schreiattacke beim Trinken sehr leicht nachvollziehbar. Sobald eine Mahlzeit beginnt, sendet der Magen einen Reflex an den Dickdarm, den sogenannten gastrokolischen Reflex. Mit diesem Reflex teilt der Magen dem Dickdarm mit, dass es Zeit ist, Platz für neue Nahrung zu machen.

Der Dickdarm zieht sich aufgrund dieses Reflexes zusammen. Häufig führt das sogar zu einer Darmentleerung, aber durchaus nicht immer.

Bei den meisten Babies ist die Darmverkrampfung aufgrund des Magen-Dickdarm-Reflexes so sanft, dass sie gar nicht wahrgenommen wird. Wenn sie müde sind und etwas sensibel, empfinden sie den Reflex wie einen schwachen Krampf.

Bei manchen Babies wird der gastrokolische Reflex jedoch wie ein Boxschlag in den Bauch wahrgenommen. Es erschrickt und leidet Schmerzen durch die starke Zusammenziehung des Darms.

Falls ein ansonsten gesundes, hungriges Baby nach wenigen Schlucken einer Mahlzeit plötzlich laut schreit, hängt dies möglicherweise mit dem gastrokolischen Reflex zusammen.

In diesem Fall ist es am besten, wenn man das Baby tröstet und sich erst einmal beruhigen lässt. Anschließend setzt man die Mahlzeit fort.

Schreien bei einer Mahlzeit kann jedoch auch eine ganze Reihe andere Gründe haben (siehe Seite 101).

Saugbedürfnis

Manche Babies haben ein sehr starkes Saugbedürfnis. Das Saugen an der Brust oder Milchflasche reicht bei ihnen nicht aus, um das Saugbedürfnis zu befriedigen.

Wenn man ihnen beim Schreien wiederholt die Brust reicht, saugen sie zwar, quälen sich jedoch wegen der Milch, die aus der Brust kommt. Das kann man an Abwehrbewegungen oder sofortigem Ausspucken der Milch erkennen.

Das sofortige Ausspucken der Milch hat in einem solchen Fall nichts damit zu tun, dass das Baby die Milch nicht mag. Es bedeutet nur, dass das Baby zu diesem Zeitpunkt schon satt ist. Wenn es etwas später wieder hungrig ist, wird es wieder begeistert trinken.

Wenn man feststellt, dass ein übersättigtes Baby dennoch weiterhin nuckeln will, kann man ihm testweise den kleinen Finger (der Mutter oder des Vaters) in den Mund stecken. Bei einem unbefriedigtem Saugbedürfnis wird das Baby eifrig am Finger saugen.

Falls das Baby nur hin und wieder ein starkes Saugbedürfnis hat, ist der kleine Finger eines Erwachsenen eine gute Möglichkeit, dem Baby zu geben, was es braucht.

Doch wenn es fast immer mehr saugen will als es Hunger hat, kann man über die Anschaffung eines Schnullers nachdecken.

Ein Schnuller ist zwar bei vielen Eltern verpönt, weil man damit lieblose Ruhigstellung verbindet. Doch wenn man ein besonders saugbedürftiges Baby hat, ist ein Schnuller manchmal die einzige Möglichkeit, dass sich das Baby wohl fühlt (siehe Seite 72).

Volle Windel

Fast so häufig wie Hunger ist eine volle Windel der Grund für Babyweinen.

Fünf bis sechs Mal täglich ist eine Windel bei einem kleinen Baby so voll, dass sie gewechselt werden sollte.

Bis es soweit ist, pinkelt das Baby meistens mehrmals in die Windel.

Solange der Urin warm ist und wenn die Haut des Babypos gesund ist, kann es für das Baby möglicherweise sogar angenehm wohlig sein. Aber wenn die Windel feuchtkalt wird oder die zarte Babyhaut gereizt ist, kann eine vollgepinkelte Windel schnell unangenehm werden. Das Gleiche gilt im Prinzip auch für das große Geschäft.

Manche Babies weinen auch, kurz bevor sie in die Windel machen. Das liegt dann am Druckgefühl in der Blase oder im Darm. Sobald das Geschäft erfolgreich erledigt ist, sind sie wieder zufrieden. Dennoch sollte man sie dann wickeln, denn die Haut wird durch Urin und Stuhlgang gereizt.

Gereizte Babyhaut im Po-Bereich kann auch schnell in eine Windeldermatitis übergehen (siehe Seite 107). Dann würde es bei einer vollen Windel zum Schreien kommen, weil das Baby ein schmerzhaftes Gesundheitsproblem hat.

Wenn das Baby nach dem Aufwachen weint, ist die Wahrscheinlichkeit hoch, dass die Windel gewechselt werden muss. Da es in dieser Situation auch oft Hunger hat, muss man sich entscheiden, welches Problem man zuerst löst. Häufig kann es für das Baby am angenehmsten sein, zuerst ein wenig zu trinken, dann gewickelt zu werden und anschließend in aller Ruhe noch mehr zu trinken. Falls das Baby schon trieft, ist aber mitunter das Wickeln zuerst dran.

Müdigkeit

Viele Babies weinen kläglich, wenn sie müde oder übermüdet sind. Sie fühlen sich dann kraftlos und unwohl. Auf jeden Reiz von außen reagieren sie empfindlicher, als wenn sie ausgeschlafen sind.

Die übergroße Empfindlichkeit verhindert, dass das Baby einfach einschläft. Der richtige Moment zum friedlichen Einschlafen ist dann möglicherweise verpasst worden.

Dieses Problem haben auch noch größere Kinder ziemlich oft. Es tritt praktisch in jedem Kindesalter auf.

Wenn man sich sicher ist, dass das Baby eigentlich müde sein müsste, weil der letzte Schlaf schon lange her ist, dann ist es wahrscheinlich, dass Müdigkeit eine der Ursachen für das Schreien ist.

Oft kommen aber auch andere Ursachen hinzu, wie beispielsweise Hunger, volle Windel, Überreizung, Verlassenheitsängste, Schmerzen und alle anderen möglichen Ursachen für Schreien.

Wenn die Übermüdung die Hauptursache für das Schreien ist, dann klingt es häufig quengelig und etwas kraftlos. Es kann aber auch schrill und intensiv werden, wenn das Kind sich sehr aufregt.

Schreien wegen Müdigkeit tritt vor allem gegen Abend auf. Es kann aber auch nach einem anstrengenden Vormittag dazu kommen, wenn das Einschlafen zum Mittagschlaf nicht gelingt.

Langeweile

Auch wenn ein Baby voll ausgeschlafen, satt und trocken ist, kann es mitunter kräftig schreien.

Schließlich kann ein kleines Baby sich noch nicht selbst unterhalten. Es kann noch nicht mit Legos spielen, spannende Bücher lesen oder andere Dinge, mit denen sich größere Kinder vergnügen.

Ein ausgeschlafenes Baby will etwas erleben, wenn der Abenteuerdrang auch noch recht gering ist.

Eine liebevolle Mutter, die eine Geschichte erzählt oder das Baby in der Wohnung umherträgt, ist meistens schon genug des Abenteuers.

Auch ein Liedchen, eine bunte Rassel oder ein weiches Stofftier kann dem Baby die Unterhaltung bieten, nach der es sich sehnt.

Generell sollte man mit einem Baby schon häufig reden, denn es soll ja im zweiten Lebensjahr allmählich sprechen lernen. Dazu muss es im ersten Lebensjahr die Sprache der Eltern passiv kennen lernen.

Babies genießen auch regelmäßige Spaziergänge sehr. In den ersten Lebenstagen sind sie dazu zwar noch zu klein, aber schon bald sollte man mit dem Baby regelmäßig in die frische Luft gehen. Dabei hat man die Wahl zwischen dem Kinderwagen oder einer Tragehilfe.

Wichtig ist jedoch, dass man das Baby nicht mit Reizen überflutet, denn sonst schreit es aufgrund der Reizüberflutung. Man muss also das richtige Gleichgewicht zwischen Anreizen und Ruhe finden.

Wenn das Baby genug gegessen hat, frisch gewickelt und gut ausgeschlafen ist und weint, sobald man es sich selbst überlässt, könnte Langeweile der Grund für das Weinen sein. In der gleichen Situation kommen aber auch Kontaktbedürfnis, Einsamkeit oder andere Gründe als Hauptursache des Weinens in Frage.

Kontaktbedürfnis

Vor der Geburt war das Baby Tag und Nacht im Mutterleib geborgen. Es hatte ständig Kontakt zur Mutter und hat ununterbrochen ihr Herz und ihre Atmung gehört.

Auch wenn es geboren ist, sehnt sich das Baby nach häufigem Kontakt. Am liebsten möchte es pausenlos körperlichen Kontakt zu jemand haben, vorzugsweise zur Mutter. Wenn Babies sich erst einmal an Vater oder Großeltern gewöhnt haben, kann der Kontakt zu ihnen auch sehr hilfreich sein.

Wegen des ausgeprägten Kontaktbedürfnisses der meisten Babies tragen manche Eltern ihr Baby den ganzen Tag im Tragetuch oder in einer speziellen Tragehilfe. Für viele Babies ist ständiges oder häufiges Getragenwerden der beste Weg, um glücklich um zufrieden zu sein.

Auch wenn man sein Baby nicht den ganzen Tag umhertragen will, kann es helfen, das Baby stundenweise zu tragen, vor allem, wenn es sonst schreien würde. Man braucht sich übrigens keine Sorgen machen, dass ein Baby lebenslang getragen werden will, wenn man erst einmal damit anfängt. Gerade wenn man ein Kind im Babyalter viel trägt, wird es später meist umso selbstständiger und entdeckungsfreudiger.

Wenn ein Baby schreit, sobald man es nicht umherträgt oder anderweitig Körperkontakt zu ihm hat, dann hat es vermutlich ein Kontaktbedürfnis.

Verlassenheitsängste

Verlassenheitsängste stehen ihm engen Zusammenhang mit dem Kontaktbedürfnis. Leichte Verlassenheitsängste kann man nahezu gleich setzen mit dem Bedürfnis nach Kontakt.

Doch wenn ein Baby schon längere Phasen des Alleingelassen-Werdens erlebt hat, können Verlassenheitsängste in verstärkter Form auftreten.

Dann weint das Baby nicht nur, wenn es konkret das Bedürfnis nach Kontakt hat, sondern hat immer große Angst, sobald der Kontakt wegfällt.

Wie ausgeprägt Verlassenheits-Situation sein müssen, dass das Baby deswegen starke Ängste bekommt, kann von Kind zu Kind sehr unterschiedlich sein. Schließlich geht es um ein subjektives Empfinden, das sich nicht messen lässt.

Wichtig ist, dass man sich als junge Eltern nicht einreden lässt, dass man sein Kind über mehrere Stunden hinweg alleine lassen muss, auch wenn es schreit, damit es nicht verwöhnt wird.

Babies kann man nicht verwöhnen. Die Verwöhnproblematik beginnt erst im Kleinkindalter.

Es gibt nur sehr wenige Gründe, die dafür sprechen, sein schreiendes Baby alleine zu lassen.

Einer davon ist beispielsweise, wenn man vom stundenlangen Schreien des Babies so entnervt ist, dass man es grob anfassen oder anschreien würde, wenn man es noch länger umhertragen würde. In solch einem Fall legt man das Baby besser für eine Weile in sein Bettchen und geht woanders hin, um sich zu beruhigen. Besser wäre es in solch einer Situation natürlich, wenn noch jemand da wäre, der sich um das Baby kümmern kann, anstelle es sich selbst zu überlassen.

Manche Babies können auch nur dann einschlafen, wenn sie einige Minuten alleine und schreiend in ihrem Bettchen liegen.

Wenn ein Baby friedlich in seinem Bettchen liegt und schläft, kann man es natürlich alleine lassen. Am besten hat man ein Babyphon oder bleibt in der Nähe, um es zu hören, wenn es wieder aufwacht.

Reizüberflutung

Das Gegenteil von Langeweile und Einsamkeit kann ein Baby auch so quälen, dass es ausgiebig schreien muss.

Vor allem kleine Babies sind den Trubel der Welt noch nicht gewöhnt. Aus der Zeit der Schwangerschaft kennen sie nur ihre Mutter und meistens auch die Stimme ihres Vaters. Die restliche Menschheit ist weitgehend fremd für sie.

Auch Feste, Supermärkte, Kneipen, Fernsehabende und dergleichen sind für ein kleines Baby noch ungewohnt und können es überfordern. Sogar wenn man das Baby zu viel kindgerecht unterhält, kann dies zu viel für das Baby sein.

Nach einem langen Tag mit Ausflügen, vielen neuen Eindrücken oder vielen ungewohnten Menschen, kann es sein, dass ein Baby trotz Müdigkeit nicht schlafen kann und stattdessen unaufhörlich schreit.

Ein deutliches Zeichen für eine Reizüberflutung ist es, wenn das Baby seinen Kopf abwendet. Aber auch ohne dieses Zeichen kann es nach vielen Eindrücken zu Schreiattacken durch zu viele Reize kommen.

Wenn Babies häufig viel schreien, sollte man sich fragen, ob man sie regelmäßig zu starken Reizen aussetzt.

Umstellungsprobleme

Vielen Babies fällt es schwer, sich an das Leben außerhalb des Mutterleibes anzupassen. Die neun Monate im Mutterleib sind eigentlich auch zu kurz, um sich vollständig auf das komplexe Leben in dieser Welt vorzubereiten. Dieser Überzeugung sind immer mehr Kinderärzte und Forscher.

Laut neuer Erkenntnisse bräuchten kleine Menschen eigentlich drei Monate länger im Mutterleib, um voll ausreifen zu können. Aber weil der Kopf von Menschenkindern so groß ist, müssen sie nach neun Monaten geboren werden, um durch das Becken zu passen.

In den ersten drei Lebensmonaten muss das Baby also Reifungsprozesse durchleben, für die es im Mutterleib eigentlich noch besser aufgehoben wäre. Man spricht auch vom vierten Trimester der Schwangerschaft.

Manchen Babies gelingt es leicht, auch außerhalb des Mutterleibs fertig heranzuwachsen.

Anderen fällt es schwerer, die Umstellung vom warmen, belebten Mutterbauch in die kalte Welt des Babybettchens zu meistern.

Damit auch diese Babies möglichst harmonisch auf dieser Welt ankommen können und mit drei Monaten zum Wonneproppen herangereift sind, brauchen sie eine Umgebung, die dem Mutterleib möglichst ähnlich ist.

Wenn es gelingt, den Mutterleib gut zu imitieren, dann werden auch schreiende Babies mit starken Umstellungsproblemen deutlich friedlicher.

Überhitzung

Kleine Babies können ihre Temperatur noch nicht gut regeln. Daher sind sie viel stärker als große Kinder und Erwachsene darauf angewiesen, dass die Umgebungstemperatur und die Bekleidung seinen Bedürfnissen entsprechen.

Wenn es einem Baby zu heiß ist, dann wird das als sehr unangenehm empfunden.

Zu viel Hitze beim Schlafen kann sogar die Wahrscheinlichkeit erhöhen, am plötzlichen Kindstod zu sterben.

Wenn man sich fragt, warum das Baby weint, sollte man auch die Möglichkeit berücksichtigen, dass es ihm zu warm sein könnte. Das ist natürlich vor allem an heißen Sommertagen der Fall, aber auch bei stark geheizter Wohnung und dicker Bekleidung.

Eventuell kann man Überhitzung daran erkennen, dass das Baby im Kopfbereich schwitzt. Aber das ist nicht das einzige mögliche Anzeichen für Überhitzung.

Frieren

Ebenso wie es Babies zu warm sein kann, können sie auch frieren.

Wie warm es ein Baby braucht, wird man erst im Laufe der Zeit herausfinden.

Bis man die Temperatur-Bedürfnisse des Babies gut kennt, kann es durchaus immer mal wieder vorkommen, dass es friert oder schwitzt.

Zum Schlafen wird heutzutage ein kühler Raum und ein leichter Schlafsack empfohlen. Von Bettdecken wird wegen der Gefahr des plötzlichen Kindstods heutzutage abgeraten, weil das Kind unter der Bettdecke ersticken könnte.

Wenn der Schlafsack zu dünn und die Raumluft zu kühl ist, kann es jedoch schnell dazu kommen, dass das Baby auskühlt.

Diese Möglichkeit sollte man im Auge behalten, wenn man sein Baby im Bett oder woanders alleine liegen lässt. Insbesondere draußen im Kinderwagen kann ein Baby auskühlen, wenn es sehr kalt ist und die Bekleidung und der Kinderwagen nicht genügend wärmt.

Auch in einer Tragehilfe kann es dem Baby zu kühl werden, wenn man im Winter mit dem Baby draußen unterwegs ist. Es braucht dann warme Bekleidung und vor allem warme Söckchen oder Winterschühchen, um nicht an den Füßen zu frieren. Am besten wäre es, wenn man einen weiten Mantel hat, der um das getragene Baby und die Tragehilfe herum reicht.

Schlechte Träume

Schon kleine Baby haben Träume. Manchmal können diese Träume auch unangenehm sein. Was Babies genau träumen, weiß man leider nicht, weil sie noch nicht von ihren Träumen erzählen können.

Aber manchmal wachen Babies besonders plötzlich auf und sind ganz verstört.

Am Anfang sind diese Situationen noch schwer von anderen Aufwachgründen zu unterscheiden. Im Laufe der Zeit kann man jedoch erkennen, wann ein schlechter Traum die Ursache für das Aufwachen und Weinen war.

Auch wenn man nicht genau weiß, warum das Baby schreiend aufgewacht ist, ist es immer die richtige Vorgehensweise, das Baby in den Arm zu nehmen und liebevoll mit ihm zu sprechen.

Dann kann man überprüfen, ob es hungrig ist und volle Windeln hat.

Erhöhte Sensibilität

Wie große Menschen, sind auch Babies unterschiedlich sensibel. Generell kann man jedoch davon ausgehen, dass Babies noch sensibler als die meisten Erwachsenen sind.

Das liegt naturgemäß daran, dass sie noch ganz neu auf dieser Welt sind und alles für sie fremd ist. Ihre Sinne sind noch nicht abgestumpft vom Alltag des Lebens. Das hat zur Folge, dass sie ihre Umgebung empfindsamer wahrnehmen. Wobei nicht unerwähnt bleiben sollte, dass Babies am Anfang noch nicht die volle Sehschärfe haben.

Wenn man ein Sensibelchen als Baby hat, kann es durch äußerliche Reize überfordert sein, die anderen Babies gar nichts ausmachen. Daher kann man nicht unbedingt von einem Baby auf das andere schließen.

Besonders sensible Babies müssen vor Trubel und Unruhe geschützt werden.

Das heißt jedoch nicht, dass sie möglichst viel allein im Dunkeln bei absoluter Stille liegen sollten - ganz im Gegenteil.

Ein sensibles Baby braucht die Nähe der Mutter eher noch stärker als ein robustes Baby.

Es fühlt sich meistens besonders wohl, wenn es viel herumgetragen wird und sanfte Schlaflieder oder rhythmische Geräusche hört, die es jedoch nicht erschrecken sollten.

Feuriges Temperament

Nicht nur erhöhte Sensibilität bringt ein Baby zum häufigen Weinen, auch ein hitziges Temperament kann zu Schreiattacken führen. Besonders schwierig wird es, wenn Sensibilität und Temperament zusammenkommen, was gar nicht so selten ist.

Ein temperamentvolles Kind ist am Anfang seines Lebens noch nicht in der Lage, seine intensiven Stimmungen selbst zu regulieren.

Es kann sich daher auch bei geringen Ursachen leicht in Rage schreien und dann durch sein Schreien immer weiter schreien. Das Schreien kann also einen Schrei-

Teufelskreis bewirken, aus dem das Baby nicht mehr selbst hinaus findet.

Das Temperament ist einem Baby angeboren. Es kann überhaupt nichts dafür und braucht Jahre, um zu lernen, mit seinem feurigen Temperament umzugehen.

Als Eltern kann man lernen, zu akzeptieren, dass das Kind sehr temperamentvoll ist.

Wenn man sein Handeln daraufhin abstimmt, fällt es allen Beteiligten leichter, mit dem Temperament des Babies klar zu kommen, auch dem Baby selbst.

Schmerzen oder Krankheit

Schreien kann selbstverständlich auch durch Schmerzen oder Krankheiten verursacht werden.

Starke Schmerzen werden wohl jedes Baby zum Weinen bringen. Bei sensiblen und temperamentvollen Babies können auch schon leichte körperliche Beschwerden zu ausgiebigen Schreiattacken führen.

Beim Schreien der Babies aufgrund von körperlichen Missempfindungen sollte man berücksichtigen, dass ein Baby nicht weiß, dass Schmerzen auch wieder aufhören können. Es fühlt nur, dass es ihm nicht gut geht. Für ein Baby ist eine Minute mitunter schon eine Ewigkeit und es hat keine Vorstellung davon, dass sich Beschwerden bessern könnten.

Daher ist es ganz natürlich, dass Babies auch bei leichten und harmlosen Gesundheitsbeschwerden außer sich sein können.

Wenn ein Baby öfter, stärker oder anders schreit als sonst, sollte man überprüfen, ob es möglicherweise Schmerzen oder anderweitige Gesundheitsbeschwerden hat. Bei starker Veränderung im Verhalten des Babies ist es auch immer sinnvoll, Fieber zu messen.

Folgende Gesundheitsbeschwerden kommen relativ häufig vor und können das Baby zum ausgiebigen Schreien bringen.

- Bauchschmerzen - Blähungen: Seite 78
- Erkältung: Seite 84
- Juckreiz: Seite 94
- Ohrenschmerzen: Seite 91
- Verstopfung: Seite 106
- Wunder Po: Seite 107
- Zahnungsbeschwerden: Seite 109

Gesundheitsbeschwerden als Grund für das Babyweinen können natürlich in Kombination mit den anderen Gründen für weinende Babies auftreten. Das heißt, wenn ein Baby krank ist, leidet es immer noch eventuell unter Hunger, voller Windel, Müdigkeit und dergleichen.

Aufgrund der Krankheit hält es die Strapazen des Alltags sogar weniger gut aus als im gesunden Zeiten.

Wenn man sich nicht sicher ist, ob das Baby gesund oder krank ist, sollte man im Zweifelsfall zum Arzt gehen.

Babyweinen-Schnellfinder

Manchmal kann man anhand der Situation oder Tageszeit die möglichen Hauptgründe für das Schreien des Babies etwas eingrenzen.

Dieser Schnellfinder soll dabei helfen, die Ursache für das aktuelle Schreien leichter heraus zu finden.

Im Laufe der Zeit mit Ihrem Baby werden Sie jedoch wahrscheinlich besser als jeder Schnellfinder herausfinden, was Ihrem Baby gerade fehlt.

Der Schnellfinder kann nur eine grobe Orientierung sein, denn Gründe für Babyweinen sind immer individuell und treten häufig in Kombination auf.

Mein Baby schreit nach dem Aufwachen

Wenn ein Baby direkt nach dem Aufwachen schreit, hat das häufig folgende Gründe:

- Das Baby ist hungrig - Seite 41
- Das Baby hat eine volle Windel - Seite 44
- Das Baby sehnt sich nach Kontakt - Seite 47
- Das Baby will etwas erleben - Seite 45
- Das Baby hat etwas Schlechtes geträumt - Seite 52

Mein Baby schreit gegen Abend

Ausgiebige Schreiphasen am Abend sind typisch für manche Babies in den ersten drei Monaten des Lebens. Diese Schreiphasen stellen Eltern und Experten vor die größten Rätsel, weil sie fast bei einem Drittel aller Babies auftreten und die Ursache dafür immer noch nicht vollständig geklärt ist. Es gibt jedoch eine Reihe von möglichen Gründen, die auch in Kombination auftreten können.

- Das Baby ist übermüdet - Seite 45

- Das Baby ist durch die Erlebnisse des Tages überreizt - Seite 49
- Dem Baby fällt es schwer, sich an das Leben außerhalb des Mutterleibs zu gewöhnen - Seite 49
- Das Baby hat möglicherweise Blähungen - Seite 78

Mein Baby schreit beim Hinlegen

Manche Babies schreien besonders oft, wenn man sie hinlegt. Auf dem Arm sind sie ganz friedlich oder schlafen sogar schon und kaum liegen sie im Bettchen schreien sie.

Auch hierfür kann es verschiedene Ursachen geben.

- Das Baby hat Angst vor dem Alleinsein - Seite 47
- Das Baby hat Angst vor der Stille im Schlafzimmer - Seite 49
- Das Baby fühlt sich im kalten Bettchen nicht wohl - Seite 51
- Das Baby hat beim flachen Liegen Sodbrennen wegen eines Refluxes - Seite 97

Mein Baby schreit beim Trinken

Das Trinken an der Brust oder aus der Flasche sorgt normalerweise zur Beruhigung bei einem hungrigen, schreienden Baby.

Doch manche Babies beginnen beim Trinken zu schreien, oft lange bevor sie satt sind.

Ganz verschiedene Ursachen können Schreien beim Trinken bewirken:

- Der gastrokolische Reflex erschreckt das Baby - Seite 42
- Die Atmosphäre bei der Trinksituation bewirkt beim Baby Unbehagen - Seite 101
- Das Baby verschluckt sich - Seite 101

- Das Baby hat eine Nahrungsmittel-Allergie - Seite 77
- Das Baby mag die angebotene Nahrung nicht - Seite 101
- Das Baby bekommt Sodbrennen von der Mahlzeit - Seite 97

Mein Baby schreit den ganzen Tag

Wenn ein Baby den ganzen Tag schreit, ist das eine Qual für das Baby und für die Eltern.

Bei einem Baby, das über einen längeren Zeitraum so viel schreit, spricht man von einem Schreibaby (siehe Seite 59).

Bei Dauerschreien gibt es häufig mindestens ein Grundproblem und hinzu kommen natürlich die üblichen Alltagsprobleme, wie beispielsweise Hunger.

- Das Baby hat besonders starke Anpassungsschwierigkeiten an diese Welt - Seite 49
- Das Baby ist sehr sensibel - Seite 52
- Das Baby ist sehr temperamentvoll - Seite 53
- Das Baby leidet an dauerhafter Reizüberflutung - Seite 49
- Das Baby ist krank - Seite 54

Mein Baby schreit die ganze Nacht

Für ein Baby, das die ganze Nacht schreit, gilt ähnliches wie für ganztägiges Schreien. Die Gründe dafür können jedoch mitunter etwas unterschiedlich sein.

- Das Baby fühlt sich alleingelassen im Bettchen - Seite 47
- Das Baby hat Angst im stillen Zimmer - Seite 49
- Im Zimmer ist es zu warm für das Baby - Seite 50
- Im Zimmer ist es zu kalt für das Baby - Seite 51

- Das Baby hat besonders starke Anpassungsschwierigkeiten an diese Welt - Seite 49
- Das Baby ist sehr sensibel - Seite 52
- Das Baby ist sehr temperamentvoll - Seite 53
- Das Baby leidet an dauerhafter Reizüberflutung - Seite 49
- Das Baby ist krank - Seite 54

Mein Baby schreit erst seit wenigen Tagen

Wenn das Baby normalerweise friedlich ist, aber seit wenigen Tagen viel schreit, kann es helfen, wenn man sich überlegt, was sich geändert hat.

- Wenn das Baby gerade zwei Wochen alt geworden ist, beginnt eventuell die Phase der Dreimonatskoliken mit verstärkter Umstellungsproblematik - Seite 78 und 49
- Wenn das Baby etwa sieben bis acht Monate alt ist, könnte das Zahnen beginnen - Seite 109
- Eventuell ist das Baby krank - ab Seite 76

Mein Baby ist ein Schreibaby

Ein Schreibaby ist ein Baby, das besonders viel schreit.

Es gibt sogar eine offizielle Definition für Schreibabies.

Ein Baby ist dann ein Schreibaby, wenn es mindestens drei Wochen lang, an mindestens drei Tagen in der Woche, mindestens drei Stunden lang schreit.

Bis mit dieser Definition die Diagnose Schreibaby gestellt werden kann, ist man mit dem Baby also schon mindestens drei Wochen lang durch die Hölle gegangen.

Viele Schreibabies schreien ja nicht nur an drei Tagen der Woche so lange, sondern jeden Tag und häufig weit über drei Stunden.

Ein Schreibaby ist durch sein vieles Schreien so erschöpft und entnervt, dass es sich allein dadurch schon so unwohl fühlt, dass es immer weiter schreit.

Auch die Eltern eines Schreibabies sind meistens mit ihren Nerven am Ende. Müdigkeit, Verzweiflung, Ohnmachtsgefühle und häufig auch Aggressionen machen aus den liebevollsten Eltern seelische Wracks.

Für Schreibabies und ihre Familien kann man Hilfe in einer Schreiambulanz finden. Der Begriff "Schreiambulanz" ist jedoch nicht geschützt, sodass man sich nicht immer sicher sein kann, wie kompetent die Hilfe ist, die man dort findet. Häufig findet man bei einer Schreiambulanz jedoch die dringend benötigte Hilfe.

Wie bei anderen Schreisituationen kann auch ein Schreibaby durch verschiedene Ursachen in die Situation des Dauerschreiens gebracht werden.

- Das Baby hat starke Anpassungsschwierigkeiten an das Leben außerhalb des Mutterleibs - Seite 49
- Das Baby ist sehr sensibel - Seite 52
- Das Baby ist sehr temperamentvoll - Seite 53
- Das Baby leidet an dauerhafter Reizüberflutung - Seite 49
- Das Baby leidet unter dauerhaften Verlassenheitsängsten - Seite 47
- Das Baby ist chronisch krank - Seite 54

Wenn möglich, sollte die Ursache für das viele Schreien gefunden werden. Falls das gelingt, sollte man nach Möglichkeit die Ursache beheben, was jedoch nicht immer möglich ist.

Viele Schreibabies können durch eine Kombination von traditionellen und wiederentdeckten Beruhigungstechniken in friedliche Babies verwandelt werden (siehe 5-S-Methode ab Seite 74).

Schrei-Checkliste

Wenn sich das Leben mit dem Baby erst einmal eingespielt hat, weiß man meistens schnell Bescheid, warum das Baby weint.

Doch bevor es soweit ist, kann eine Checkliste helfen, herauszufinden, was dem Baby gerade fehlt.

Wenn das Baby weint, gehen Sie die Punkte der Checkliste nach und nach durch. Sobald sich das Baby beruhigt hat, können Sie mit der Checkliste aufhören.

Bei jedem Einzelpunkt finden Sie zuerst den möglichen Grund des Schreiens, dann einen Vorschlag oder eine Frage, wie sie es herausfinden können und dann einen Seitenverweis, wo Sie mehr Informationen dazu finden.

- Hunger: Legen Sie das Baby an oder bieten Sie ihm die Flasche an (es sei denn, es hat gerade getrunken) - Seite 41
- Volle Windel: Wickeln Sie das Baby - Seite 44

Achten Sie beim Wickeln auf folgende Punkte:

- Schmerzen durch pieksende Gegenstände: Suchen Sie nach spitzen Gegenständen in der Bekleidung des Babies.
- Wunder Po: Ist der Baby-Po und die Umgebung gerötet - Seite 107
- Blähungen: Ist der Bauch stramm gespannt und zieht das Baby die Beinchen krampfhaft an - Seite 78
- Ausschlag: Hat das Baby rote Stellen am Körper - Seite 76
- Fieber: Fühlt sich das Baby heißer an als sonst? Messen Sie eventuell Fieber - Seite 85
- Frieren: Hat das Baby sehr kalte Füße und Hände - Seite 51
- Schwitzen: Ist das Baby stark verschwitzt - Seite 50

Wenn das Baby nach dem Wickeln weiter weint und die Überprüfungen nichts gebracht haben:

- Kontaktbedürfnis: Beruhigt sich das Baby, wenn Sie es umhertragen und schaukeln - Seite 47
- Zahnungsbeschwerden (Babies über 6 Monate): Steckt das Baby die Hände in den Mund und sabbert viel - Seite 109
- Ohrenentzündung: Fasst sich das Baby ans Ohr oder an die Seite des Kopfes - Seite 91
- Saugbedürfnis: Stecken Sie dem Baby den (elterlichen) kleinen Finger in den Mund oder geben Sie ihm einen Schnuller - Seite 43
- Müdigkeit: Liegt der letzte Schlaf lange zurück oder hat das Baby wenig geschlafen - Seite 45
- Reizüberflutung: Hatte das Baby einen anstrengenden Tag mit vielen Sinnesreizen - Seite 49
- Langeweile: Hat das Baby lange geschlafen und wirkt gut ausgeschlafen - Seite 45
- Verlassenheitsängste: Ist das Baby auf dem Arm ruhig und schreit nur im Bettchen - Seite 47

Wenn Sie hier angekommen sind und immer noch nicht wissen, warum Ihr Baby weint, ist es am wahrscheinlichsten, dass es ein empfindsames Baby ist, das sich momentan vom Leben außerhalb des Mutterleibes überfordert fühlt.

Es könnte jedoch auch eine Krankheit sein, die durch die Überprüfung auf dem Wickeltisch und danach nicht erkannt werden konnte. Gehen Sie zu einem Arzt, wenn Sie unsicher sind oder sich das Schreiverhalten des Babies geändert hat.

Ein geändertes Schreiverhalten tritt jedoch auch auf, wenn das Baby einen Wachstumsschub hat oder in eine neue Lebensphase eintritt, beispielsweise Schreiphase im Alter von zwei Wochen (siehe Seite 49).

Abhilfe gegen Babyweinen

Damit ein Baby nicht mehr weint, ist es am besten, wenn man die Ursache für das Weinen behebt.

Bei Hunger oder einer vollen Windel ist das meistens auch leicht möglich.

Doch es gibt zahlreiche Gründe für Babyweinen, die man nicht so einfach oder gar nicht abstellen kann.

Dann ist es sowohl für das Baby als auch für die Eltern eine Wohltat, wenn es gelingt, das Baby zu beruhigen.

Wenn sich das Baby erst einmal beruhigt hat und möglicherweise ein paar Stunden schläft, geht es ihm anschließend meistens wieder besser.

Pucken

Mit dem Pucken wurde kürzlich eine jahrtausendealte Baby-Beruhigungsmethode wieder entdeckt.

Beim Pucken wird das Baby stramm in ein Tuch gewickelt, sodass es nicht mit den Armen zappeln kann.

Dadurch wird das Baby an die Enge des Mutterleibs erinnert und fühlt sich geborgen.

Die intensiven Armbewegungen, die ein kleines Baby häufig macht, sind nur in den wenigsten Fällen ein Ausdruck seiner Lebensfreude. Meistens ängstigt sich das Baby, dass es um sich herum keinen Halt verspürt. Die Armbewegungen sind der Versuch, einen Halt zu finden.

Unsere Vorfahren wussten, dass ein Baby in den ersten Lebensmonaten gerne möglichst ähnlich wie im Mutterleib lebt. Daher wickelten sie es stramm ein, sodass es sich kaum bewegen konnte.

Doch in der Zeit der Aufklärung, im 18. Jahrhundert, kamen einige schlaue Männer auf die Idee, dass sich ein

Baby nicht gut genug entfalten könne, wenn es eingewickelt ist. Da man diesen Männern mehr glaubte als der jahrtausendealten Erfahrung der Mütter und Großmütter, wurde das Einwickeln nach und nach abgeschafft, zumindest in den Industrieländern.

In vielen sogenannten Entwicklungsländern wurde das Einwickeln beibehalten. Forscher aus den Industrieländern staunten immer wieder, warum die dortigen Babies so wenig schreien.

Durch diese Beobachtungen inspiriert, wurde auch in den Industrieländern das Einwickeln wieder eingeführt. In Deutschland wird es meistens "Pucken" genannt, in englischsprachigen Ländern "swaddling".

Pucken kann vor allem für ausgiebig schreiende Babies ein Segen sein.

Sie fühlen sich geborgener und halten diverses Ungemach wie Blähungen, fremde Welt, Alleinsein und flach im Bett liegen deutlich besser aus.

Wer ein Schreibaby hat, sollte das Pucken unbedingt mehrmals ausprobieren, denn es könnte die Situation deutlich verbessern.

Pucken eignet sich vor allem für Babies im ersten Lebenshalbjahr. Danach brauchen die meisten Babies es nicht mehr und wollen sich gerne freier bewegen.

Je nach Bedarf des Babies kann man es nur für ein paar Stunden täglich pucken, beispielsweise zum Schlafen oder man puckt es den größten Teil des Tages.

Man kann zum Pucken wahlweise ein einfaches Moltontuch verwenden oder einen speziellen Pucksack. Der Pucksack ist jedoch nur geeignet, wenn auch die Arme stramm eingewickelt sind. Das ist nicht bei allen Pucksäcken der Fall.

Im Laufe der Monate braucht ein Baby natürlich größere Tücher oder Pucksäcke.

Ganz wichtig beim Pucken ist, dass man das Baby möglichst stramm einwickelt. Auch durch Zappeln sollte sich das Puck-Paket nicht auflösen. Keine Sorge, das Baby leidet nicht unter strammen Einwickeln. Das Pucken ist aber nutzlos, wenn es zu locker ist.

Wichtig ist auch, dass die Arme seitlich neben dem Körper liegen, wenn man das Baby einwickelt. Zwar liegen die Arme beim Baby im Mutterleib angewinkelt vor der Brust. Aber in dieser Haltung könnte das Baby die Arme in Windeseile aus dem Pucksack befreien und der Nutzen des Puckens wäre dahin.

Generell sollte man ein Baby unter dem Pucksack nicht zu warm anziehen.

Wenn ein Baby Fieber hat, sollte man es nicht pucken, damit es nicht überhitzt.

Auch wenn das Baby ein Problem mit den Hüftgelenken hat, kann Pucken problematisch sein, zumindest was das enge Einwickeln der Beine angeht. Fragen Sie Ihren Arzt, ob und wie Sie das Baby trotz Hüftgelenksdysplasie pucken dürfen.

Am besten lässt man sich das Pucken von einer erfahrenen Hebamme zeigen. Falls das nicht möglich ist, können Videos im Internet eventuell Abhilfe schaffen. Die gezeichneten Anleitungen, die man überall findet, sind häufig fehlerhaft, weil sie beispielsweise die Arme nicht fest genug mit einwickeln.

Tragen

Viele Babies lieben es, herum getragen zu werden und beruhigen sich schnell, sobald sie auf dem Arm sind.

Viele Baby-Experten sind der Überzeugung, dass Babies eigentlich Traglinge sind. Das bedeutet, dass es für ein Baby der natürliche Zustand ist, getragen zu werden.

Wenn Babies mit Worten ihre Meinung sagen könnten, würden die meisten dieser Ansicht bestimmt zustimmen. Da sie jedoch noch nicht sprechen können, zeigen sie ganz deutlich, dass sie gerne getragen werden.

Getragen-Werden kommt dem Leben im Mutterleib relativ nahe. Das Baby spürt die Körperwärme, die Atmung und den Herzschlag des tragenden Erwachsenen. Es fühlt sich umhüllt, geborgen und hat Teil an den Bewegungen des Trägers, beispielsweise beim Gehen. Babies lieben die rhythmischen Bewegungen des Alltags (siehe Seite 68).

Man braucht auch keine Angst haben, dass Babies vom Tragen verwöhnt werden, auch wenn Manche das immer noch behaupten. Kleine Babies kann man noch nicht verwöhnen. Dazu sind sie sich ihrer Handlungen und ihrer Umgebung noch nicht bewusst genug. Kleine Babies sind in erster Linie Empfindungswesen. An ihnen ist nichts Berechnendes. Erst wenn ein Baby zum Kleinkind heranwächst, kann es verwöhnt werden.

Für das Tragen eines Babies braucht man nur ein bis zwei Arme. Man kann ein Baby ohne jedes Hilfsmittel auf den Arm nehmen und ihm dieses besondere Wohlgefühl bieten.

Doch wenn man ein Baby sehr viel trägt, werden die Arme lahm und kraftlos. Außerdem ist es im Alltag sehr praktisch wenn man die Arme frei hat.

Daher gibt es Tragehilfen für Babies. Man hat die Wahl zwischen dem klassischen Tragetuch und ausgefeilten Tragesäcken. Ein Tragetuch wird um den Körper von Träger und Baby gewickelt und verknotet. Je nach Alter des Babies wird es unterschiedlich gewickelt. Man kann Babies vom Neugeborenen-Alter bis zu einem Gewicht von etwa 15 kg im Tragetuch tragen.

Als Alternative zum Tragetuch gibt es Tragehilfen mit Sitzvorrichtung, Trägern und Hüftgurt. Diese Tragehilfen sind meistens etwas einfacher anzulegen als ein Tragetuch, aber weniger flexibel in der Anwendung. Je nach Tragehilfe kann man in ihr schon Neugeborene tragen oder erst ältere Babies.

Beim regelmäßigen Tragen ist es ganz wichtig, dass das Baby in der Anhock-Spreizhaltung sitzt, also breitbeinig mit relativ hochgezogenen Beinchen. Das entspricht der natürlichen Haltung, mit der man ein größeres Baby auf die Hüfte setzt. Durch die Anhock-Spreizhaltung kann sich die Hüfte des Babies gesund entwickeln. Bei herunter hängenden Beinen könnte es zu Hüftgelenksproblemen kommen.

Ein weiterer wichtiger Aspekt beim Tragen in der Tragehilfe ist, dass das Baby immer mit dem Gesicht zum Träger getragen werden sollte. Wenn das Gesicht der Umgebung zugewandt ist, hat das Baby zwar eine gute Aussicht, aber es ist nicht geschützt vor all den Reizen der Umwelt. Das kann zu einer heftigen Reizüberflutung führen, die den ganzen positiven Effekt des Tragens zunichte macht. Außerdem sitzen Babies in Tragehilfen, die ein nach-vorne-schauen ermöglichen, meistens auf einem relativ schmalen Steg. Das Sitzen drückt dann auf die empfindlichen Genitalien des Babies.

Beim Kauf einer Tragehilfe sollte man daher unbedingt darauf achten, dass die Anhock-Spreizhaltung möglich ist und dass das Baby nicht nach vorne schaut. Es gibt bekannte Marken-Tragehilfen, die in dieser Hinsicht sehr ungünstig sind. Viele andere Tragehilfen setzen die Anforderungen an gesundes Tragen vorbildlich um.

Flieger

Der Flieger ist eine beliebte Spezial-Tragetechnik. Beliebt ist der Flieger vor allem bei kleinen Babies, die intensiv und ausdauernd schreien. Manche dieser Babies lassen sich nur durch den Flieger beruhigen.

Weil der Flieger nach einer Weile relativ anstrengend für die Arme wird, wird er bevorzugt von Vätern ausgeführt, obwohl natürlich auch Mütter ihr Baby in Fliegerposition tragen können.

Beim Flieger liegt das Baby mit dem Bauch nach unten auf dem Unterarm des Trägers. Die ausgebreitete Hand trägt das Bäuchlein, das meistens schmerzhaft verkrampft ist. Der Kopf des Babies ruht in der Ellenbeuge und wird dort gehalten, unterstützt vom Körper des Trägers. Anfangs kann man das Baby, insbesondere den Kopf, noch mit der anderen Hand zusätzlich festhalten. Mit etwas Erfahrung gelingt der Flieger jedoch auch einarmig.

Besonders gut wirkt der Flieger, wenn er mit Bewegung kombiniert wird, beispielsweise Auf- und Abgehen oder Schaukeln. Auch leichtes Tanzen erfreut sich großer Beliebtheit.

Ausdauernde Babies können ihren Vater so die ganze Nacht über auf Achse halten. Meistens schlafen sie jedoch nach einer Weile ein und lassen sich ins Bett legen.

Schaukeln

Schaukelnde Bewegungen sind einer der Grundpfeiler der Baby-Beruhigung.

Dabei geht es meistens weniger um große Schaukel-Bewegungen, wie sie von großen Kindern auf dem Spielplatz genossen werden.

Viel mehr geht es um kleine, schnelle Schaukel-Bewegungen. Man könnte es auch als sanftes Rütteln, Schuckeln oder Wippen bezeichnen.

Wichtig ist, dass die Bewegung rhythmisch und gleichmäßig ist. Prinzipiell sollte die Bewegung sanft sein, sie kann aber durchaus etwas kräftig werden, wenn das Baby es so mag. Gut geeignet sind Bewegungen, die daran erinnern, wie die Mutter geht, beispielsweise beim Spaziergang oder wenn sie die Treppe herunter geht.

Keineswegs sollte man beruhigendes Schaukeln jedoch mit aggressivem Schütteln verwechseln. Schütteln ist für Babies sehr gefährlich, weil ihr Gehirn gegen die Schädelknochen geschlagen wird (siehe Seite 18).

Freundliches Schaukeln ist jedoch ein wohliges Labsal für ein unruhiges Baby.

Deshalb gibt es für Babies auch Wiegen, Wippen, automatische Schaukeln und dergleichen.

Wenn man mit einem Baby spazieren geht, kommt es in den Genuss des Schaukelns.

Auch ohne Gehen kann man das Baby schaukeln. Das ist die normale Bewegung der meisten Großmütter, wenn sie ein Baby auf den Arm nehmen. Schaukelbewegungen kommen auch beim beliebten Flieger zum Einsatz.

Eine Fahrt im Kinderwagen bietet auch sanfte Schaukelbewegungen und manchmal leichtes Rütteln, sodass eine Spazierfahrt mitunter sehr beruhigend wirken kann.

Wenn man ein schaukelbegeistertes Baby zum Schlafen bringen will, kann man es in eine Wiege legen und schaukeln bis es eingeschlafen ist.

Pezziball

Wenn das Baby darauf besteht, dass es auf dem Arm gehalten und geschaukelt wird, kann das auf Dauer ziemlich anstrengend sein.

Damit man länger durchhält, kann man sich einen Pezziball anschaffen. Das ist ein großer Ball, auf dem man sitzen kann.

Auf diesen Ball setzt man sich, mit dem Baby auf dem Arm.

Dann wippt man auf dem elastischen Ball auf und ab.

Diese Bewegung ist erheblich weniger anstrengend als Baby-Schaukeln mit reiner Armkraft.

Autofahren

Auch wenn es zunächst absurd klingt: Autofahren ist eine verbreitete, erfolgreiche Methode, um Schreibabies zu beruhigen. Auch beim Einschlafen kann Autofahren eine effektive Hilfe sein.

Manche Babies lassen sich nur beruhigen, wenn man mit ihren Auto fährt.

Das ist natürlich eine starke Belastung für die Eltern und sehr lästig.

Aber bevor das Baby ununterbrochen schreit und gar nicht mehr schläft, ist man froh zu wissen, dass Autofahren helfen kann.

Beim Autofahren kommen gleichmäßige Bewegung und gleichmäßige Geräusche zusammen.

Weißes Rauschen

Im Mutterleib ist es erstaunlich laut. Manche Fachleute behaupten, es sei dort so laut wie ein Staubsauger.

Die Geräusche im Mutterleib kommen vom rauschenden Blut, der Atmung und den Verdauungsorganen. Insgesamt sind diese Geräusche weitgehend regelmäßig und eintönig.

In der Lehre der Akustik spricht man bei solchen Geräuschen auch vom weißen Rauschen.

Weil das Baby sein bisheriges Leben im Mutterleib verbracht hat, ist es an gleichmäßige, zischende und rauschende Geräusche gewöhnt.

Ohne solche Geräusche fühlt sich das Baby unwohl, weil Stille für das Baby fremd ist.

Es ist also überhaupt nicht förderlich für das Wohlbefinden des Babies, es ausgeprägter Stille auszusetzen. Mit Stille kommt es erst im Laufe der Zeit klar.

Natürlich sind auch plötzliche, laute Geräusche nicht angenehm für das Baby. Es kann sich durch plötzliche Geräusche sehr erschrecken.

Am wohlsten fühlt es sich, wenn es von gleichmäßigen Geräuschen umgeben ist.

Das kann das Atmungs-Geräusch eines nahestehenden Erwachsenen sein oder auch unsinnig klingende Schsch-Geräusche beim Versuch, das Baby zu beruhigen.

Erstaunlicherweise wirken auch so unangenehme Geräusche wie vom Föhn oder Staubsauger beruhigend auf viele Babies. Manch ein Baby schläft nur beim Föhngeräusch ein. Man kann dann den Föhn aufnehmen und eine CD daraus zusammenstellen, um nicht immer den Föhn anstellen zu müssen.

Singen

Lieder sind eine Möglichkeit, Babies mit angenehmen Geräuschen zu besänftigen.

Das wissen Mütter und Großmütter schon seit Jahrtausenden. Darum gibt es auch so viele Kinder- und Schlaflieder.

Eine Lied bietet durch den Rhythmus eine gewisse Gleichmäßigkeit. Die Melodie ist etwas Interessantes, das die Aufmerksamkeit des Babies fesseln kann. Außerdem erinnert die Melodie an die Stimme der Mutter, die das Baby schon aus der Schwangerschaft kennt.

Damit man dem Baby einige Lieder vorsingen kann, ist es sinnvoll, rechtzeitig ein paar Kinderlieder zu lernen, falls man sie vergessen hat. Insbesondere Schlaflieder sind dazu geeignet, Babies zu beruhigen.

Wer sich normalerweise nicht traut, zu singen, braucht sich bei Babies deswegen keine Sorgen zu machen. Das Baby freut sich auch über eine krächzende Stimme und urteilt nicht. Es freut sich über die liebevolle Zuwendung.

Spieluhr

Eine Spieluhr kann zeitweise ein guter mechanischer Ersatz für menschliches Singen sein.

Das Gute an einer Spieluhr ist der gleichmäßige Klang.

Als besonders günstig hat es sich herausgestellt, wenn ein Baby die Melodie der Spieluhr schon aus dem Mutterleib kennt.

Man sollte die Spieluhr also schon in der Schwangerschaft kaufen und sie dem Baby immer mal wieder vorspielen, mit der Spieluhr am Bauch.

Schnuller

Ein Schnuller ist ein sehr umstrittenes Hilfsmittel zur Beruhigung von Babies.

Gegner des Schnullers kritisieren, dass man ein Baby mit dem Schnuller lieblos abfertigen könne. Außerdem könne ein Schnuller zur Gewöhnung führen. Doch das ist nur die eine Seite der Medaille.

Wer sein Baby lieblos abfertigen will, kann das auch ohne Schnuller tun.

Wer sich hingegen liebevoll um sein Baby kümmert, wird das auch mit Schnuller tun. Es hilft sogar beim liebevollen, entspannten Umgang mit dem Baby, wenn es sich dank Schnuller leichter beruhigen lässt.

Ein Schnuller ist vor allem für Babies geeignet, die ein sehr stark ausgeprägtes Saugbedürfnis haben. Wenn ein Baby weiter saugen will, obwohl es schon so satt ist, dass es die Milch ausprustet, könnte ein solch verstärktes Saugbedürfnis vorliegen.

Mithilfe des kleinen Fingers kann man ein starkes Saugbedürfnis zeitweise befriedigen. Doch kaum ein Erwachsener hält es aus, täglich zehn Stunden lang den kleinen Finger in einen Babymund zu halten. Nicht nur, dass der Arm nach einer Weile lahm wird. Irgendwann brauchen die meisten Erwachsenen ihre Hand auch für andere Aufgaben.

In solch einer Situation kann ein Schnuller einspringen.

Wenn klar ist, dass das Baby immerzu saugen will, weit über den Hunger hinaus, dann kann ein Schnuller eine große Hilfe sein.

Damit es nicht noch im Kindergarten am Schnuller hängt, ist es sinnvoll, den Schnuller etwa im Alter von sechs Monaten durch Beißringe und ähnliches zu ersetzen.

Die 5-S-Methode von Dr. Harvey Karp

Der amerikanische Kinderarzt Dr. Harvey Karp hat sich in den letzten Jahrzehnten intensiv mit der Beruhigung von weinenden Babies beschäftigt.

Das Ergebnis seiner Untersuchungen ist eine Beruhigungsmethode, bei der klassische und vergessene Einzelmethoden miteinander kombiniert werden.

Diese Beruhigungsmethode ist sehr erfolgreich bei vielschreienden Babies. Sie hilft auch gut beim Einschlafen und länger schlafen.

Über seine Theorien und Methoden hat Dr. Karp ein Buch mit dem Titel "Das glücklichste Baby der Welt" geschrieben und eine DVD gefilmt. Eltern eines Schreibabies sollten sich sowohl Buch als auch DVD anschaffen, und die vorgeschlagenen Methoden ausprobieren. Bei vielen Schreibabies wirken sie geradezu Wunder.

Hier nur eine kurze Zusammenfassung der Theorien und Methoden von Dr. Karp, damit Sie wissen, worum es geht.

Dr. Karp geht davon aus, dass Babies eigentlich unreif geboren werden, weil ihr großer Kopf sie zu einer frühen Geburt zwingt. Ähnlich wie ein Känguruhbaby müssen sie in ihren ersten Lebensmonaten noch nachreifen, bis sie sich der Welt unerschrocken stellen können. Die drei Monate nach der Geburt werden als viertes Trimester bezeichnet (siehe Seite 49).

Außerdem schreibt Dr. Karp von einem Beruhigungsreflex, den alle Babies natürlicherweise haben sollen. Dieser Reflex soll in erster Linie dazu beitragen, dass das Ungeborene im Mutterleib ruhig genug bleibt, um dort keinen Schaden anzurichten. Der Beruhigungsreflex ist aber auch nach der Geburt sehr hilfreich, um ein intensiv weinendes Baby zu beruhigen.

Mit der Beruhigungsmethoden-Kombination von Dr. Karp soll dieser Beruhigungsreflex ausgelöst werden.

Die Beruhigungsmethode wird die 5-S-Methode genannt, weil man die fünf Elemente dieser Methode alle mit "S" schreiben kann (vor allem in der englischen Originalsprache).

Die fünf Punkte zur Beruhigung sind folgende:

1. Stramm einwickeln (Pucken - auf englisch: swaddling)
2. Seiten-Bauchlage
3. Schschsch-Geräusche
4. Schaukeln
5. Saugen (Finger, Schnuller, Brust)

Jede der fünf Punkte wirkt auch einzeln beruhigend auf ein Baby und wird auch traditionell zum Beruhigen verwendet.

In der oben aufgeführten Kombination und Reihenfolge haben sie jedoch eine starke und schnelle Wirkung, die mit den einzelnen Methoden nicht in dem Maße erreicht wird.

Das bedeutet, auch wenn Pucken, Schaukeln, Geräusche und dergleichen einzeln nicht ausreichen, um ein schreiendes Baby zu beruhigen, kann die konsequente Kombination aller fünf Methoden oft verblüffende Erfolge bewirken.

Die Seiten-Bauchlage wird übrigens nur auf dem Arm tragend genutzt. Wenn man das eingeschlafene Baby ins Bett legt, sollte man es auf den Rücken legen. Durch das feste Pucken fühlt sich das Baby auch auf dem Rücken liegend geborgen.

Begeisterte Anwender der 5-S-Methode nennen sie auch die Kuschel-Therapie, weil sie sehr kuschelig für das Baby ist.

Baby-Gesundheitsprobleme von A bis Z

Babies haben neben den üblichen Erkältungen ein paar ganz besondere Gesundheitsprobleme, die nur im Babyalter auftreten.

Diese speziellen Babyerkrankungen und häufige Alltagserkrankungen im Babyalter werden auf den nächsten Seiten beschrieben.

Am Ende der Beschreibung steht, wann man zum Arzt gehen sollte und wie die Medizin das Gesundheitsproblem behandelt. Außerdem stehen dort Tipps zur Selbstbehandlung, sofern das möglich und sinnvoll ist.

Ausschlag

Ein Ausschlag kann bei einem Baby zahlreiche verschiedene Ursachen haben.

Neugeborenen-Exanthem

Harmlos aber zunächst erschreckend ist das sogenannte Neugeborenen-Exanthem. Das ist ein Ausschlag, den fast 60% aller Neugeborenen bekommen. Er beginnt meistens zwei oder drei Tage nach der Geburt und kann zwei Wochen lang dauern. Der Ausschlag ist vor allem in der oberen Körperhälfte insbesondere im Gesicht sichtbar.

Kinderkrankheiten

Die klassischen Kinderkrankheiten sind heutzutage selten geworden, weil die meisten Kinder dagegen geimpft werden. Wenn das Baby jedoch ein Geschwisterchen im Kindergartenalter hat, und dieses nicht geimpft ist, kann es durchaus zu einer Kinderkrankheit mit Ausschlag kommen.

Wenn ein Baby daher einen Ausschlag in Kombination mit Fieber bekommt, sollte man unbedingt einen Arzt zu Rate ziehen.

Kuhmilchallergie

Eine Kuhmilchallergie kann bei einem Baby nicht nur Verdauungsstörungen, sondern auch einen Ausschlag hervorrufen.

Von einer Kuhmilchallergie können auch Stillkinder betroffen sein, wenn die Mutter Milchprodukte zu sich nimmt (siehe auch "Allergie" Seite 77).

Bei einem Ausschlag in Kombination mit Verdauungsproblemen sollte man einen Arzt aufsuchen und testweise Milchprodukte meiden.

Neurodermitis

Für das ungeübte Auge sieht eine Neurodermitis aus wie ein Ausschlag. Dabei kommt es nicht zu Fieber, aber das Baby leidet stark und weint viel (siehe auch "Neurodermitis" Seite 94).

Wann zum Arzt: Bei einem ungeklärten Ausschlag, vor allem in Kombination mit Fieber oder anderen Beschwerden. Bei Verdacht auf Kinderkrankheit unbedingt vorher anrufen, wegen der Ansteckungsgefahr im Wartezimmer.

Schulmedizin: Je nach Ursache.

Allergie

Manche besonders empfindliche Babies leiden schon in ihrem ersten Lebensjahr unter Allergien.

Meistens handelt es sich dabei um Nahrungsmittel-Allergien und manchmal auch um Allergien gegen

Bekleidungsmaterialien oder andere Materialien, mit denen sie in Kontakt kommen.

Eine Nahrungsmittel-Allergie kann sich durch Erbrechen, Durchfall oder Gedeihstörungen äußern. Auch zu Atemnot oder Ausschlägen kann es kommen.

Ein Stillkind kann gegen die Nahrungsmittel allergisch reagieren, die die Mutter zu sich nimmt. Viele Inhaltstoffe der mütterlichen Nahrung gehen nämlich auf die Muttermilch über.

Größer ist die Allergiegefahr jedoch bei Flaschenkindern. Wenn eine Kuhmilchallergie vorliegt, braucht das Baby spezielle Nahrung. Manchmal reicht auch die handelsübliche hypoallergene Nahrung nicht aus, damit das Baby beschwerdefrei wird.

Sogar zu Allergien gegen Ziegen-, Schafs- oder Sojamilch kann es kommen.

Daher braucht man bei einer frühkindlichen Allergie unbedingt die Hilfe eines erfahrenen Arztes.

Zu Allergien neigen übrigens vor allem Kinder, deren Eltern bereits an Allergien leiden.

Wann zum Arzt: Bei Verdacht auf Allergie.

Schulmedizin: Vermeiden des Allergieauslösers.

Blähungen

Die meisten Babies leiden regelmäßig unter Blähungen.

Der junge Darm muss sich erst an die Verarbeitung von Nahrung gewöhnen. Auch die Darmflora muss erst heranwachsen, denn im Mutterleib lebt das Baby in einer sterilen Umgebung.

Damit die Blähungen möglichst gering ausfallen, sollte man darauf achten, dass das Baby nach jeder Mahlzeit ein sogenanntes Bäuerchen macht, also aufstößt. Dazu hält man es sich aufrecht an den Oberkörper, sodass es über die Schulter schauen kann. Dann klopft man ihm sanft auf den Rücken. Nach einer Weile macht es dann sein Bäuerchen. Häufig kommt dabei eine kleine Menge Milch mit aus dem Mund. Das schadet dem Baby nicht, ist aber lästig, wenn es auf die Kleider der Eltern gerät. Daher legt man vorher am besten ein Baumwolltuch auf die Schulter.

Bei Stillkindern kann es gegen Blähungen helfen, wenn die Mutter auf blähende Speisen verzichtet. Dazu gehören Kohlarten, Zwiebeln, Knoblauch, Hülsenfrüchte und Schwarzwurzeln.

Bei Flaschenkindern sollte man darauf achten, dass das Loch im Sauger nicht zu groß ist. Besonders geeignet sind sogenannte Anti-Kolik-Sauger, die die Gefahr des Verschluckens mindern.

Trotz aller vorbeugenden Maßnahmen sind Blähungen bei Babies in den ersten drei Lebensmonaten sehr häufig.

Man erkennt sie am prall gespannten Bauch und dass das Baby die Beine krampfhaft anzieht.

Empfindliche Babies schreien sehr viel, wenn sie Blähungen haben, andere Babies können sich aber auch trotz Blähungen wohl fühlen.

Wann zum Arzt: Bei starken Problemen durch Blähungen.

Schulmedizin: Simeticon-Tropfen.

Selbstbehandlung: Fenchel-Tee, Bauchmassage mit Bäuchlein-Öl, Carum-Carvi-Zäpfchen, warmes Dinkelkissen auf dem Bauch, Tragen in Flieger-Haltung, diverse Beruhigungs-Methoden.

Blauer Fleck

Wenn Babies etwas größer werden und krabbelnd die Welt erkunden oder gar das Laufen üben, passiert es häufig, dass sie sich schmerzhaft anstoßen.

Der eine oder andere blaue Fleck lässt sich kaum vermeiden.

Man kann jedoch gefährliche Gegenstände aus der Reichweite des Babies räumen und harte Kanten mit Gummiecken weicher machen, damit die Verletzungen möglichst gering ausfallen.

Ein kleiner blauer Fleck ist bei einem gesunden Baby nicht gefährlich, aber das Baby wird dennoch meistens kräftig weinen, weil es weh tut.

Wenn viele blaue Flecken auftreten, obwohl sich das Baby nicht entsprechend oft verletzt hat, könnte eine Störung der Blutgerinnung vorliegen. Daher sollte man gehäufte blaue Flecke unbedingt dem Arzt vorstellen.

Auch ein besonders großer blauer Fleck sollte von einem Arzt begutachtet werden, um schlimmere Verletzungen ausschließen zu können.

Wann zum Arzt: Bei vielen oder großen blauen Flecken.

Schulmedizin: Je nach Situation.

Selbstbehandlung: Kühle Kompresse auflegen, pusten, trösten, auf Wunsch Notfalltropfen-Globuli.

Dreimonats-Koliken

Die sogenannten Drei-Monats-Koliken treten in den ersten drei Lebensmonaten des Babies auf, was ihnen den Namen eingebracht hat.

Etwa ein Drittel aller Babies in den Industrieländern leidet unter den Dreimonatskoliken.

Diese Babies schreien vor allem in den Abendstunden über mehrere Stunden und sind kaum zu beruhigen.

Weil die meisten dieser Babies einen prall gespannten Bauch haben und ihre Beinchen krampfhaft anziehen, nahm man lange Zeit an, dass die Ursache für die Schreiattacken Blähungen seien. Das hat den Dreimonats-Koliken auch den zweiten Teil des Namens eingebracht. Doch inzwischen hat man herausgefunden, dass auch nichtschreiende Babies in diesem Alter Blähungen haben.

Für die Dreimonats-Koliken musste also eine andere Ursache gefunden werden. Viele Theorien zur Ursache der abendlichen Schreistunden wurden formuliert, doch keine konnte die ganze Bandbreite der Problematik erklären.

Inzwischen vermuten erfahrene Kinderärzte, dass mehrere Faktoren zusammenkommen müssen, damit es zu Dreimonatskoliken kommt. Der wesentlichste Faktor ist wohl die Tatsache, dass menschliche Kinder eigentlich unreif geboren werden (siehe Seite 49). Sie brauchen drei Monate, um sich an das Leben außerhalb des Mutterleibs anzupassen. In dieser Zeit geht es ihnen am besten, wenn sie sich fast so geborgen wie im Mutterleib fühlen. Auf dieser Erkenntnis basiert die Beruhigungsmethode des Kinderarztes Dr. Karp (siehe Seite 74).

Weitere Faktoren, die die Entstehung von Dreimonats-Koliken begünstigen sind: Sensibilität, Temperament, Reizüberflutung, Verlassenheitsängste, eventuell starke Verdauungprobleme durch Allergien (Seite 77), Magenpförtner-Krampf (Seite 89) oder Reflux (Seite 97).

Wann zum Arzt: Bei ausgiebigen Schreiattacken, mit denen man selbst nicht klar kommt.

Schulmedizin: Je nach vermuteter Ursache.

Selbstbehandlung: 5-S-Methode von Dr. Karp (siehe Seite 74), alle anderen Beruhigungsmethoden (siehe Seite 63).

Durchfall

Beim Auftreten von dünnem Stuhl muss man unterscheiden, ob es sich um den normalen Stuhl von Stillkindern oder um krankhaften Durchfall handelt.

Bei voll gestillten Kindern ist der Stuhl meistens dünn breiartig bis zu wässrig. Er wird manchmal auch mit einem prustenden Schwall entleert. Die Farbe ist meistens gelblich bis grünlich mit kleinen hellen Bröckchen, die aus geronnenen Milchresten bestehen. Stillkinder haben oft mehrmals am Tag Stuhlgang, manchmal aber auch mehrere Tage lang gar nicht.

Wenn es dem Stillkind gut geht, es Appetit hat und gedeiht, dann stellt dünner Stuhl im Normalfall kein Problem dar.

Anders sieht es bei Flaschenkindern aus. Der Stuhl von Flaschenkindern ist normalerweise pastös, ähnlich wie bei größeren Kindern oder Erwachsenen.

Wenn Flaschenkinder plötzlich dünnen Stuhl bekommen, dann handelt es sich mit hoher Wahrscheinlichkeit um krankheitsbedingten Durchfall.

Durchfall ist für Babies sehr gefährlich, weil sie schnell austrocknen. Eine solche Austrocknung kann schnell lebensbedrohlich werden.

Das Baby braucht daher sehr viel Flüssigkeit, wenn es Durchfall hat. Geben Sie dem Baby Fencheltee, um die fehlende Flüssigkeit zu ersetzen. Bei schwerem Durchfall braucht es ein spezielles Elektrolytgetränk oder eine Tropf-Infusion.

Durchfall wird in den meisten Fällen durch eine Virusinfektion verursacht. Dann hat das Baby oft auch Fieber und erbricht sich zusätzlich (siehe Seite 89). Auch eine Nahrungsmittelallergie kommt als Ursache für Durchfall in Frage (siehe Seite 77).

Wann zum Arzt: Beim Auftreten von Durchfall.

Schulmedizin: Je nach Ursache. Ersetzen der Flüssigkeit durch Elektrolyt-Getränke oder Infusion.

Selbstbehandlung: Fenchel-Tee, Elektrolytgetränk aus der Apotheke.

Erbrechen

Erbrechen kann bei Babies ganz unterschiedliche Ursachen haben und auch sehr unterschiedlich gefährlich sein.

Ein wenig Spucken nach einer Mahlzeit ist bei Babies ganz normal, so lange es sich um kleine Mengen handelt.

Wenn das Erbrechen relativ geringer Mengen nach einer Mahlzeit jedoch zu einer lang andauernden Gewohnheit wird, spricht man vom gewohnheitsmäßigen Erbrechen. Es wird meistens durch zu schnelles oder zu viel Trinken verursacht und ist normalerweise harmlos.

Wenn das Baby unter dem regelmäßigen Spucken offensichtlich leidet, viel weint und nicht auf dem Rücken liegen will, könnte auch eine Reflux-Erkrankung vorliegen (siehe Seite 97).

Manche Babies erbrechen jede Mahlzeit nahezu vollständig im hohen Bogen. Dann kann ein Magenpförtner-Krampf vorliegen (siehe Seite 89). In diesem Fall sollte man schnell einen Arzt aufsuchen.

Auch eine Allergie kann zu Erbrechen führen. Im Unterschied zum gewohnheitsmäßigen Erbrechen gedeiht das Baby dann nicht.

Wenn das Baby außerdem Fieber hat, hat es möglicherweise eine Magen-Darm-Infektion (siehe Seite 89).

Wann zum Arzt: Bei starkem oder häufigem Erbrechen.

Schulmedizin: Je nach Ursache.

Erkältung - Grippe

Obwohl Babies mit einer gewissen Grund-Immunisierung auf die Welt kommen, können sie dennoch eine Erkältung oder gar eine Grippe bekommen.

Für ein Baby ist eine Erkältung besonders schlimm, weil es nicht versteht, was mit ihm geschieht und auch nicht weiß, dass der schlimme Zustand wieder aufhören wird.

Außerdem erschwert eine verstopfte Nase das Trinken, sodass es sich nicht richtig ernähren kann.

Eine Erkältung setzt sich meistens aus Schnupfen (siehe Seite 100), Husten (siehe Seite 87) und Fieber zusammen. Jedes dieser Symptome wird auf den angegebenen Seiten extra beschrieben.

Wann zum Arzt: Bei einer starken Erkältung.

Schulmedizin: Symptomlindernde Medikamente.

Selbstbehandlung: Behandlung der Symptome, viel trösten, ausreichend zu trinken geben.

Achtung!
Bei Babies niemals starke ätherische Öle anwenden!

Fieber

Babies bekommen viel leichter Fieber als Erwachsene. Das liegt unter anderem daran, dass sich ein kleiner Körper viel leichter aufheizt als ein großer Körper.

Eigentlich ist Fieber eine sehr nützliche Fähigkeit des Körpers, um gegen Krankheitserreger zu kämpfen. Die Krankheitserreger fühlen sich bei der hohen Temperatur nämlich nicht wohl und können sich nicht mehr gut vermehren oder sterben sogar.

Daher sollte man leichtes und moderates Fieber nicht unterdrücken. Das gilt für Temperaturen von 38°C bis 39°C.

Hohes Fieber über 39°C ist jedoch potentiell gefährlich. Es belastet den Körper und wenn es noch höher steigt, kann es sogar das Gehirn schädigen.

Fieber ist immer ein Zeichen, dass der Körper gegen etwas kämpft. In den meisten Fällen ist das eine Infektionskrankheit, beispielsweise Erkältung oder Magen-Darm-Grippe.

Babies bekommen jedoch auch manchmal Fieber, wenn sie zahnen oder zu viel erlebt haben. Ob der kleine Körper auch in diesen Fällen gegen Krankheitserreger kämpft, lässt sich mit einfachen Mitteln meistens gar nicht herausfinden. Wenn keine starke Infektion hinter dem Fieber steckt, ist es oft genau so schnell wieder weg, wie es gekommen ist.

Wann zum Arzt: Bei hohem oder ungeklärtem Fieber.

Schulmedizin: Je nach Ursache, Fieberzäpfchen.

Selbstbehandlung: Kräuterzäpfchen, lauwarme Wadenwickel oder Pulswickel, viel trinken, Notfalltropfen-Globuli, leicht bekleiden, im Auge behalten.

Fieberkrämpfe

Manche Babies bekommen bei ansteigendem Fieber einen Fieberkrampf.

Solch ein Fieberkrampf äußert sich durch heftig krampfartig zuckende Gliedmaßen. Die Augen sind dabei oft offen und verdreht. Das Baby ist nicht ansprechbar, weil es beim Fieberkrampf bewusstlos ist.

Normalerweise ist ein Fieberkrampf nach etwa einer Minute wieder vorbei.

In dieser Kürze ist der Fieberkrampf auch nicht gefährlich für das Baby.

Dennoch gehört ein Fieberkrampf zu den erschreckendsten Erlebnissen, die Eltern mit ihrem Baby haben können. Die normale Reaktion der Eltern ist die Befürchtung, dass das Baby jetzt gleich stirbt. Diese Befürchtung ist jedoch völlig unbegründet.

Ein Fieberkrampf ist wie ein epileptischer Anfall. Aber nur wenige Babies, die Fieberkrämpfe haben, werden im späteren Leben epilepsiekrank. Die meisten Fieberkrampf-Babies neigen bis zu vier Jahren zu Fieberkrämpfen, dann verschwindet die Problematik von selbst wieder.

Nach einem Fieberkrampf ist ein Baby sehr erschöpft und muss sich erholen. Man sollte es in Ruhe schlafen lassen und ausgiebig trösten, wenn es wieder aufwacht.

Wann zum Arzt: Beim ersten oder mehreren Fieberkrämpfen.

Schulmedizin: Bei Bedarf Beruhigungszäpfchen.

Selbstbehandlung: Nach dem Aufwachen auf Wunsch Notfalltropfen-Globuli, Kräuterzäpfchen gegen Fieber, trösten, im Auge behalten.

Herzfehler

Manche Babies werden mit einem Herzfehler geboren.

Solche Herzfehler können sehr unterschiedlich schwerwiegend sein. Manche Herzfehler wachsen sich sogar von selbst aus, beispielsweise, wenn ein Loch in der Herzscheidewand von selber zu wächst.

Herzfehler können unter anderem die erwähnte Herzscheidewand oder die Herzklappen betreffen.

Manche Herzfehler sind so schwerwiegend, dass das Baby ernsthaft krank ist, bei anderen kommt es nur zu Problemen, wenn sich das Baby anstrengt.

Ein typisches Anzeichen eines Herzfehlers ist es, wenn das Baby blaue Lippen, Fingernägel und Zehen bekommt. Viele Babies mit Herzfehler sind auch sehr schwach und kraftlos.

Schwere Herzfehler müssen operiert werden, bei leichten reicht es meistens aus, abzuwarten und die Situation im Auge zu behalten.

Wann zum Arzt: Bei Blauwerden des Babies und besonderer Schwäche.

Schulmedizin: Bei Bedarf Operation.

Selbstbehandlung: Erhöhte Aufmerksamkeit.

Husten - Bronchitis

Ein Husten geht häufig mit einer Erkältung einher, kann aber auch in Form einer Bronchitis alleinstehend auftreten.

Für ein Baby ist Husten schlimm, weil es nicht weiß, was mit ihm geschieht.

Daher muss es bei Husten besonders viel getröstet werden.

Leichtes Beklopfen von Rücken und Brust kann das Abhusten und die Atmung erleichtern. Auch hilft es dem Baby meistens, aufrecht gehalten zu werden, weil es dann besser atmen kann.

Achtung!

Bei Baby-Husten keine intensiven ätherischen Öle benutzen!

Auch Hustentropfen mit Alkohol und Honig sind tabu!

Wann zum Arzt: Bei starkem Husten oder Fieber.

Schulmedizin: Hustensaft, bei Bronchitis Antibiotika.

Selbstbehandlung: Kräuterzäpfchen, Fenchel-Tee, Notfalltropfen-Globuli.

Kopfgneis

Kopfgneis ist ein schuppiger Ausschlag auf dem Kopf. Er wird häufig als Milchschorf bezeichnet, doch Milchschorf ist ein anderes Phänomen (siehe Seite 90).

Kopfgneis ist bei Babies weit verbreitet und ähnelt dem Seborrhoischen Ekzem. Er beginnt meistens schon eine Woche nach der Geburt und verschwindet nach drei Monaten von selbst wieder. Normalerweise verursacht der Kopfgneis kaum Beschwerden, er juckt auch nicht.

Außer einer leichten Rötung der Kopfhaut entstehen beim Kopfgneis weiche Schuppen, die sich mit Ölen oder Bädern ablösen lassen.

Kopfgneis ist in erster Linie ein kosmetisches Problem und muss normalerweise nicht behandelt werden.

Selbstbehandlung: Auf Wunsch lockere Schuppen beim Baden oder mithilfe von Öl ablösen. Feste Schuppen auf dem Kopf lassen, denn die gewaltsame Ablösung ist schädlicher als die Schuppen an sich.

Magen-Darm-Grippe

Eine Magen-Darm-Grippe wird meistens durch Viren verursacht. Einige dieser Viren sind so stark ansteckend, dass fast jeder im Haushalt angesteckt wird, sobald es ein Familienmitglied erwischt hat.

Bei einer Magen-Darm-Grippe kommt es meistens zu Erbrechen (Seite 83), Durchfall (Seite 82) und oft auch zu Fieber (Seite 85).

Weil Babies so klein sind und schnell zu Austrocknung leiden, ist eine Magen-Darm-Grippe für sie sehr gefährlich. Sie können an Austrocknung sterben.

Daher muss man mit einem magen-darm-kranken Baby auch dann schon zum Arzt gehen, wenn man die Krankheit als Erwachsener alleine durchstehen würde.

Wenn eine Hautfalte am Baby-Bauch, die man zwischen zwei Finger nimmt, nach dem Loslassen weiter stehen bleibt, dann ist das Baby wahrscheinlich schon stark ausgetrocknet. Es muss sofort in notärztliche Behandlung.

Zur Vorbeugung einer Magen-Darm-Grippen-Ansteckung ist sorgfältige Hygiene sehr wichtig, vor allem bei allem, was mit Toilette und Essen zu tun hat. Das heißt, dass man sich nach jedem Toilettengang und vor jedem Kontakt mit Nahrung sorgfältig die Hände waschen sollte. Für Stillkinder sollte sie die Mutter vor jedem Stillen gründlich die Hände und die Brust abwaschen.

Wann zum Arzt: Bei Verdacht auf Magendarmgrippe.

Schulmedizin: Ersetzen der verlorenen Flüssigkeit durch Elektrolyt-Getränke oder Infusion.

Selbstbehandlung: Fenchel-Tee, Elektrolytgetränk aus der Apotheke.

Magenpförtner-Krampf

Ein Magenpförtnerkrampf (auch Pylorus-Stenose) ist eine seltene aber schwerwiegende Erkrankung des Babyalters. Er betrifft deutlich mehr Jungs als Mädchen (10:1).

Die Neigung zum Magenpförtner-Krampf ist angeboren, zeigt sich aber meistens erst nach drei Wochen. Der Muskel zwischen Magen und Darm neigt zum Verkrampfen. Durch die Verkrampfung wird der Muskel immer dicker und lässt schließlich kaum noch Nahrung durch.

Etwa eine halbe Stunde nach jeder Mahlzeit kommt es zu schwallartigem Erbrechen. Manchmal sind auch kleine Blutmengen beigemischt.

Das Baby ist gleich danach wieder hungrig, kann aber auch die nächste Mahlzeit nicht bei sich behalten. Durch den ständigen Hunger schreit es viel, wird schnell untergewichtig und gedeiht schlecht. Außerdem kann der Stoffwechsel und das Säure-Basen-Gleichgewicht entgleisen, weil mitsamt der Nahrung auch Magensäure verloren geht.

Wann zum Arzt: Bei ständigem schwallartigen Erbrechen.

Schulmedizin: Meistens Operation, bis dahin Tropf-Infusion.

Milchschorf

Bei Milchschorf handelt es sich um ein Ekzem am Kopf, das bei Babies auftreten kann, die älter als drei Monate sind.

Der harmlose Kopfgneis, der auch schon bei jüngeren Babies auftritt, wird auch oft Milchschorf genannt, ist aber eine andere Erkrankung (siehe Seite 88).

Milchschorf ist hingegen eine ähnliche Erkrankung wie Neurodermitis (siehe Seite 94). Manche Kinder mit Milchschorf entwickeln später auch eine Neurodermitis.

Bei Milchschorf ist die Kopfhaut gerötet und es bilden sich harte Schuppen.

Das Baby leidet unter starkem Juckreiz und ist entsprechend weinerlich. Für das Baby ist Milchschorf daher eine schlimme Erkrankung, ganz anders als der Kopfgneis, der vom Baby meistens gar nicht bemerkt wird.

Wenn man Glück hat, verschwindet der Milchschorf innerhalb von einer Woche wieder. In anderen Fällen kann er chronisch werden und bis zu zwei Jahre lang andauern. Wenn man Pech hat, geht der Milchschorf in eine Neurodermitis über.

Wann zum Arzt: Bei Milchschorf, der länger als eine Woche andauert.

Schulmedizin: Juckreizlindernde Salben.

Selbstbehandlung: Kräuterzäpfchen, Notfalltropfen-Globuli, rückfettende Behandlung der Kopfhaut.

Mittelohrentzündung - Ohrenschmerzen

Eine Ohrenentzündung ist eine sehr schmerzhafte Erkrankung. Ein Baby kann durch eine Ohrenentzündung völlig außer sich geraten und tagelang brüllen. Dann kommt zu der Entzündung und den Schmerzen noch eine ausgeprägte Erschöpfung hinzu.

Eine einfache Ohrenentzündung ist eine Gehörgangsentzündung. Sie ist sehr schmerzhaft und oft mit leichtem Fieber verbunden. Im Verhältnis zu den starken Beschwerden ist sie aber eher wenig gefährlich.

Anders sieht es bei einer Mittelohrentzündung aus. Auch sie ist sehr schmerzhaft, häufig besteht aber hohes Fieber. Weil die Entzündung im Mittelohr vonstatten geht, kann die Mittelohrentzündung in manchen Fällen zur Schwerhörigkeit führen. Wenn die Entzündung nicht sorgfältig behandelt wird, kommt es auch relativ häufig zu wiederholten Mittelohrentzündungen.

Ein Verdacht auf Ohrenentzündung besteht, wenn das Baby stark schreit und sich mit der Hand ans Ohr fasst oder immer wieder in Ohrnähe kommt.

Wann zum Arzt: Bei Verdacht auf Ohrenentzündung.

Schulmedizin: Bei Bedarf Antibiotika, evtl. Ohrentropfen, Fieberzäpfchen.

Selbstbehandlung: Kräuterzäpfchen, Notfalltropfen-Globuli, Muttermilch oder phsysiologische Kochsalzlösung in die Nase tropfen (nicht ins Ohr), Fenchel-Tee, viel trösten und tragen.

Mund-Soor

Soor ist eine Pilzerkrankung mit Candida-Pilzen. Bei Babies tritt Soor manchmal im Mund, im Darm und am Po auf. Wenn Soor im Mund auftritt, spricht man von Mund-Soor.

Man erkennt Mundsoor an weißlichen Belägen im Mund, die sich nicht abwischen lassen und auch lange nach einer Mahlzeit weiter bestehen.

Mundsoor ist bei Babies relativ häufig. Er kann dem Baby die Freude am Saugen verleiden. Außerdem können die Pilze in den Darm wandern und so auch Darm und Windelregion infizieren. Daher muss Mundsoor sorgfältig behandelt werden.

Besonders wichtig ist bei der Mundsoor-Behandlung die Hygiene. Alle Schnuller und Sauger müssen ausgekocht oder mit Salz abgerieben werden. Die Mutterbrust muss vor jedem Stillen gründlich gereinigt und mit einem speziellen Antipilzmittel eingerieben werden.

Mit einem speziell geeigneten Anti-Pilzmittel (z.B. Nystatin) muss auch der Babymund behandelt werden.

Wann zum Arzt: Bei Verdacht auf Mundsoor.

Schulmedizin: Antimykotisches Mittel (z.B. Nystatin).

Selbstbehandlung: Hygiene-Maßnahmen, z.B. Auskochen von Schnullern und Saugern.

Neugeborenen-Gelbsucht

Sehr viele Babies haben in ihrer ersten Lebenswoche eine leichte Gelbsucht. Sie wird daher auch Neugeborenen-Gelbsucht genannt.

Da es sich nicht um eine Erkrankung der Leber handelt, ist die Neugeborenen-Gelbsucht meistens harmlos, sollte aber dennoch sorgfältig im Auge behalten werden. Eine starke Gelbsucht kann nämlich potentiell das Gehirn schädigen.

Die roten Blutkörperchen des Babies werden in seiner ersten Woche durch neue ersetzt. Beim Abbau der alten Blutkörperchen wird der Blutfarbstoff Bilirubin freigesetzt. Normalweise baut die Leber das Bilirubin ab, aber in diesem jungen Alter ist sie mit der großen Bilirubin-Menge etwas überfordert. Daher tritt Bilirubin ins Blut über und färbt die Haut des Babies gelblich.

Zur Vorbeugung der Neugeborenen-Gelbsucht sollte man das Baby möglichst bald nach der Geburt an die Brust legen. Dann kann der erste Stuhl, das schwarze Mekonium, schnell ausgeschieden werden. Dadurch wird eine ordentliche Menge Bilirubin frühzeitig ausgeschieden.

Wann zum Arzt: Bei Gelbfärbung des Neugeborenen.

Schulmedizin: Lichtbestrahlung im Inkubator.

Selbstbehandlung: Viel ins helle Tagelicht gehen.

Neurodermitis - Atopisches Ekzem

Eine Neurodermitis kann schon bei Babies ab drei Monate auftreten. Es handelt sich um eine quälende, chronische Erkrankung, die häufig im Schulalter oder in der Pubertät von selbst verschwindet.

Oft beginnt eine Neurodermitis mit Milchschorf, der auch das Gesicht und den Hals befällt. Später sind vor allem die Gelenkbeugen von Armen und Beinen betroffen, in schweren Fällen auch der ganze Körper.

Es kommt zu seinem stark juckenden Ekzem mit kleinen Knötchen und Rötung der Haut. Wenn Bakterien hinzukommen, was meistens der Fall ist, entzünden sich die Ekzemstellen, nässen, bluten und sind oft auch eitrig. Kratzen verschlimmert die Situation erheblich.

Die Ursache der Neurodermitis ist noch nicht vollständig geklärt. Meistens handelt es sich wohl um mehrere Ursachen, die zusammenwirken. Meistens ist eine angeborene Allergieneigung die Grundlage für die Neurodermitis. Hinzu kommt eine extrem trockene Haut, der unter anderem der feuchtigkeitsbindende Harnstoff fehlt. Auch Nahrungsmittelallergien kommen bei einigen der Betroffenen erschwerend hinzu. Im weiteren Verlauf spielt auch Stress eine wichtige Rolle.

Da es kein allgemein wirksames Heilmittel gegen Neurodermitis gibt, gilt die Behandlung vor allem der Abmilderung der Symptome.

Die Haut sollte vor Austrocknung geschützt werden, was durch regelmäßiges Eincremen mit harnstoffhaltigen Cremes erfolgen kann. Langes Baden ist schädlich und sollte durch kurzes Duschen ersetzt werden.

Gegen akute Entzündungen helfen Zinksalben und Salben mit Vitamin B12.

Da das Thema Neurodermitis sehr komplex ist, sollte man sich reichlich Informationsmaterial besorgen, falls das eigene Baby an Neurodermitis erkrankt.

Wann zum Arzt: Bei Verdacht auf Neurodermitis.

Schulmedizin: Salben, Cortison, bei Bedarf Antibiotika.

Selbstbehandlung: Eincremen, testweise potentiell allergieauslösende Nahrungsmittel weglassen, Kratzen verhindern, trösten, ausgiebig informieren.

Plötzlicher Kindstod - SIDS

Etwa vier von zehntausend Babies sterben in ihrem ersten Lebensjahr, ohne dass man eine konkrete Ursache für den Tod entdecken kann. Man spricht daher vom plötzlichen Kindstod (englisch: SIDS - sudden infant death syndrome). Er tritt vermutlich infolge einer Atemschwäche des Babies auf, aber die genauen Ursachen sind noch nicht bekannt.

Der plötzliche Kindstod ist eine schreckliche Tragödie für die ganze Familie.

Man kann jedoch einiges dafür tun, dass die Wahrscheinlichkeit dafür verringert wird.

Folgende Maßnahmen helfen bei der Vorbeugung gegen den plötzlichen Kindstod:

- Nicht rauchen.
- Nachts im Schlafzimmer der Eltern schlafen.
- In Rückenlage schlafen.
- Kein Kopfkissen.

- Kein Federbett. Stattdessen Schlafsack.
- Keine Kuscheltiere oder Felle im Bett.
- Alle Textilien möglichst schadstofffrei und atmungsaktiv.
- Nicht zu heiß. Gut sind 18° bis 22°C zum Schlafen.

Wann zum Arzt: Bei vermuteter Atemschwäche des Babies, z.B. Atemaussetzern.

Schulmedizin: Atemüberwachung beim Schlaf.

Selbstbehandlung: Vorbeugungsmaßnahmen beachten.

Pseudo-Krupp

Pseudo-Krupp ist eine Virusinfektion des Kehlkopfes unterhalb der Stimmritze. Dadurch kommt es zu bellendem Husten und Heiserkeit.

Wenn die Stimmritze in schweren Fällen stark anschwillt, kommt es außerdem zu ausgeprägter Atemnot.

Zu Atemnot-Anfällen infolge einer Kehlkopfentzündung kommt es vor allem bei Babies und Kleinkindern im Alter zwischen sechs Monaten und sechs Jahren. Bei diesen kleinen Kindern ist die Stimmritze noch so eng, dass sie relativ schnell so stark zu schwillt, dass keine Luft mehr durch kommt.

Die Pseudo-Krupp-Erkrankung beginnt häufig sehr plötzlich, sodass das zuvor noch gesunde Baby mitten in der Nacht aufwacht und fast erstickt.

Natürlicherweise wird das Baby durch die Atemnot in Panik versetzt. Das verschlimmert die Situation, weil das Baby aufgrund der Panik mehr Luft braucht.

Daher ist die wichtigste Sofortmaßnahme, dass die Eltern versuchen, das Baby zu beruhigen, auch wenn es schwer fällt, die eigene Panik auszuhalten.

Während man das um Luft ringende Baby beruhigt, sollte man den Notarzt anrufen.

Wann zum Arzt: Bei Atemnot.

Schulmedizin: Adrenalin per Vernebler, evtl. Cortison.

Selbstbehandlung: Baby beruhigen, umhertragen.

Reflux - Hiatus-Hernie

Bei Babies ist der Muskel des Mageneingangs noch relativ schwach ausgebildet.

Bei einigen Babies geht das so weit, dass der Magen zwischen Speiseröhre und Magen nicht vollständig verschlossen wird. Ein Teil des Magen gelangt dabei häufig in den Bereich oberhalb des Zwerchfells, dessen Öffnung auch noch relativ schwach ist. Wenn ein Teil des Magens über das Zwerchfell rutscht, spricht man von einer Hiatus Hernie oder Zwerchfellbruch. Bei den meisten Kindern verschwindet diese Situation nach einiger Zeit von selbst wieder und der Magen rutscht in seine ordnungsgemäße Position.

So lange der Magen jedoch teilweise über dem Zwerchfell sitzt, schwappt immer wieder ein Teil der getrunkenen Nahrung vom Magen zurück in die Speiseröhre. Man spricht dann von einem Reflux (von Zurück-Fließen).

Durch den Reflux kommt es zu häufigem Erbrechen kleiner Nahrungsmengen und meistens auch zu Sodbrennen.

Das Sodbrennen wird verstärkt, wenn das Baby flach liegt. Daher wollen Babies, die einen Reflux haben, oft nicht flach liegen. So lange sie aufrecht oder in Schräglage getragen werden oder in einer Wippe liegen, fühlen sie sich wohl und kaum legt man sie ins Bett, beginnen sie kräftig zu schreien.

Schreien beim Hinlegen kann natürlich auch durch Verlassenheitsängste verursacht werden (siehe Seite 47). Daher muss man sorgfältig unterscheiden, ob das Problem die flache Lage oder das Alleinlassen ist.

Die wirkungsvollste Maßnahme zur Behandlung eines Refluxes ist die Schrägstellung des Bettchens. Dazu legt man einen etwa 10 cm hohen Keil unter die Matratze, unter den Lattenrost oder verlängert die Beine am Kopfende des Bettchens.

Bei den meisten Babies mit einer Reflux-Problematik wird das Problem durch das schräge Bettchen gelöst.

Eine Operation ist meistens nicht notwendig, auch wenn manche Ärzte lieber operieren, als eine Schrägstellung des Bettes zu empfehlen.

Wann zum Arzt: Bei Verdacht auf Reflux.

Schulmedizin: Manchmal Operation.

Selbstbehandlung: Schrägstellung des Bettchens, aufrecht herumtragen, Babywippe.

Schläfrigkeit

Im Durchschnitt schlafen Neugeborene etwa 17 Stunden am Tag. Im Alter von einem Jahr schlafen sie nur noch 14 Stunden pro Tag. Doch das sind Durchschnittswerte.

Manche Neugeborenen schlafen auch 20 Stunden am Tag und wachen selbst zu den üblichen Mahlzeiten kaum auf. Für diese Babies kann so ausgiebiges Schlafen ganz normal sein und seine Entwicklung optimal fördern.

Andere Babies schlafen vielleicht normalerweise kürzer und auf einmal deutlich länger als sonst. Das kann an einem Wachstumsschub liegen, der ihnen körperlich viel abverlangt. Vielleicht hatten sie zuvor auch eine

Phase mit zu wenig Schlaf und müssen jetzt Schlaf nachholen.

Sehr viel Schlaf kann bei Babies aber auch auf eine Krankheit hindeuten.

Wenn das Baby Fieber hat oder andere Krankheitssymtome und viel schläft, sollte man einen Arzt aufsuchen.

Auch wenn das schläfrige Baby zu schwach zum Trinken ist, braucht man die Hilfe eines Arztes.

Wann zum Arzt: Bei Schläfrigkeit gepaart mit Schwäche oder Gesundheitsbeschwerden.

Schulmedizin: Je nach Ursache.

Schlafstörungen

Von Schlafstörungen eines Babies spricht man normalerweise, wenn man der Meinung ist, das Baby schläft zu wenig.

Die tägliche Schlafdauer eines Babies kann jedoch sehr unterschiedlich sein. Manche Babies holen sich den Schlaf in lauter kleinen Portionen, die man als Eltern kaum merkt. So kann der Eindruck entstehen, das Baby schläft gar nicht. Das ist vor allem bei Schreibabies oft der Fall.

Auch das Thema Durchschlafen ist ein Dauerbrenner bei Diskussionen über Babies.

Für kleine Babies ist es nicht normal, die ganze Nacht am Stück zu schlafen. Das normale Verhalten von Babies ist, dass sie mehrmals pro Nacht wach werden und Hunger haben.

Erst nach etwa einen halben Jahr sind manche Babies in der Lage, sieben Stunden am Stück zu schlafen. Das bedeutet aber immer noch eine nächtliche Aufwachpause, wenn man das Baby schon gegen acht Uhr abends ins Bett gebracht hat.

Die meisten Babies schlafen jedoch im Alter von sechs Monaten noch keine sieben Stunden am Stück.

Viele Eltern leiden unter den nächtlichen Schlafpausen. Daher wünschen sie sich ein durchschlafendes Baby.

Für diesen Wunsch gibt es verschiedene Schlafen-Lern-Programme, die meistens eine Art Schlafdressur mit kontrolliertem Weinenlassen propagieren. Bei manchen Babies funktionieren diese Methoden gut und relativ schmerzlos.

Bei anderen Babies bringt der Versuch einer solchen Schlafdressur jedoch wochenlanges Dauerschreien. In diesen Fällen ist das Schlafenlernen sowohl für das Baby als auch für die Eltern eine traumatische Erfahrung.

Wer sein Baby keiner Weinenlass-Dressur aussetzen will, kann die nächtliche Schlafdauer mit anderen Methoden fördern. Der Erfolg ist dabei jedoch nicht garantiert, zumindest nicht schnell. Manchmal braucht man viel Geduld, bis ein Kleinkind die ganze Nacht über schläft.

Wann zum Arzt: Wenn man den Eindruck hat, dass das Baby gar nicht mehr schläft.

Schulmedizin: Je nach vermuteter Ursache.

Selbstbehandlung:

- Abendliche Einschlafrituale,
- Nächtliches Füttern im warmen Dämmerlicht,
- Ruhige Umgebung in der Nacht,
- Schnelle Reaktion beim Aufwachen, damit sich das Baby gar nicht erst wach schreit.

Schnupfen

Im Rahmen einer Erkältung (Seite 84) können auch Babies schon Schnupfen bekommen.

Ein Schnupfen ist für Babies aus zwei Gründen besonders quälend. Sie können noch nicht gezielt durch den Mund atmen und leiden bei verstopfter Nase unter Atemnot. Außerdem fällt das Trinken schwer, wenn die Nase verstopft ist.

Wann zum Arzt: Bei Schnupfen mit Fieber oder Atemproblemen.

Schulmedizin: Nasentropfen mit physiologischer Kochsalzlösung.

Selbstbehandlung: Je einen Tropfen Muttermilch in die Nase träufeln, Kräuterzäpfchen, Notfalltropfen-Globuli, evtl. Absaugen des Schleim mit speziellem Gerät.

Trinkprobleme

Nicht alle Babies trinken immer mit Begeisterung. Manche Babies haben sogar ausgeprägte Trinkprobleme.

Die Ursachen für schlechtes Trinken sind sehr vielfältig. Manchmal gelingt es kaum, die individuellen Hauptursachen für das schlechte Trinken herauszufinden. Doch man sollte es versuchen, denn wenn es Ursachen sind, die man abstellen kann, ist allen Beteiligten geholfen.

Bei den Trinkproblemen gibt es natürlich Unterschiede, ob man stillt oder die Flasche gibt, beispielsweise kann Muttermilch nie zu heiß sein. Aber viele Gründe für Trinkprobleme können bei beiden Ernährungsformen gleichermaßen vorliegen.

Hier folgt eine Liste von relativ häufigen Gründen für Trinkprobleme. Die Liste ist jedoch keineswegs vollständig.

- **Gastrokolischer Reflex:** Der Reflex, der zu Beginn einer Mahlzeit auf den Darm einwirkt, kann bei manchen Babies sehr schmerzhaft und erschreckend sein (siehe Seite 42).
- **Sodbrennen:** Wenn ein Reflux vorliegt, hat das Baby möglicherweise schon beim Trinken unangenehme Empfindungen (siehe Seite 97).
- **Darmbakterien:** Die Darmbakterien eines Babies sind noch nicht voll ausgebildet. Daher kommt es immer wieder zu Blähungen. Wenn das Baby das Trinken mit den Blähungen assoziiert, kann es zur Trinkunlust kommen. Meistens trinken Babies aber trotz Blähungen, weil sie den Zusammenhang noch nicht herstellen können (siehe Seite 78).
- **Schmerzen:** Bei allen Arten von Schmerzen und Krankheiten kann der Appetit des Babies vermindert sein, beispielsweise bei Blähungen oder Zahnung.
- **Künstliche Gerüche:** Die heute so verbreiteten Kunstgerüche können ein Baby stark irritieren. Dazu gehören beispielsweise Waschmittel, Weichspüler, Deo, Parfüm, Haargel, Gesichtscreme, Make Up, Rauch, Raumbedufter. Am liebsten riecht ein Baby natürliche Menschengerüche also beispielsweise Mamas Duft.
- **Fehlender Blickkontakt:** Bei der Flaschen- oder Breifütterung ist der Blickkontakt sehr wichtig. Wenn dem Baby die Nahrung von der Seite gereicht wird, kann es möglicherweise keinen Bezug dazu finden.
- **Unbequemer Griff:** Wenn beim Halten des Babies der Nacken zu stark abgewinkelt wird oder der Bauch eingeklemmt ist, kann es nicht entspannt trinken.
- **Falsche Temperatur:** Wenn Flaschennahrung zu heiß oder zu kalt ist, wird das vom Baby als unerfreulich wahrgenommen.

- **Verschlucken:** Wenn sich das Baby beim Trinken verschluckt, ist das unangenehm für das Baby. Beim Flaschefüttern kann man eventuell einen Sauger mit kleinerem Loch wählen. Beim Stillen kann man versuchen, das Baby zu beruhigen.
- **Zu grelles Licht:** Wenn das Baby beim Füttern so gehalten wird, dass grelles Licht in sein Gesicht scheint, kann das für das Baby unangenehm sein. Das Licht sollte weder zu hell noch zu bläulich sein. Warmes Licht hat eine beruhigende Wirkung.
- **Müdigkeit:** Möglicherweise ist das Baby zu müde zum trinken. Wenn das nur hin und wieder vorkommt, stellt das kein Problem dar. Wenn das Baby jedoch oft zu schwach zum Trinken ist, sollte man unbedingt einen Arzt hinzuziehen.

Wann zum Arzt: Bei häufiger Nahrungsverweigerung oder deutlicher Gewichtsabnahme.

Schulmedizin: Je nach Ursache.

Selbstbehandlung: Je nach Ursache.

Verbrennungen - Verbrühungen

Normalerweise sollte ein Baby nicht in die Situation kommen, dass es sich verbrennt oder verbrüht.

Doch manchmal kommt es trotzdem zu Verbrennungen bei Babies, vor allem wenn sie anfangen zu krabbeln oder sich überall hochziehen.

Die Erste-Hilfe-Maßnahmen bei einer Verbrennung hängen von der Schwere der Verbrennung ab.

- Eine Verbrennung 1. Grades ist mit einer schmerzhaften Rötung der betroffenen Hautstelle verbunden.
- Bei einer Verbrennung 2. Grades kommt es zusätzlich zu Blasen.

- Bei einer Verbrennung 3. Grades stirbt ein Teil des verbrannten Gebietes ab und wird weiß oder grau.

Bei der Beurteilung einer Verbrennung spielt auch die Größe der verbrannten Haut eine wichtige Rolle.

Wann zum Arzt: Eine kleine Stelle, kleiner als eine Kinderhand, mit einer Verbrennung ersten Grades oder zweiten Grades kann man selbst behandeln, bei einer größeren Hautfläche sollte man jedoch auch schon bei einer leichten Verbrennung den Arzt aufsuchen.

Bei einer größeren Verbrennung oder einer Verbrennung dritten Grades sollte man unbedingt schnellstens den Notarzt rufen.

Schulmedizin: Wundversorgung, Tropf-Infusion, bei Bedarf Hauttransplantation.

Selbstbehandlung: 10 bis 15 Minuten lang kaltes Wasser über die Verbrennung laufen lassen oder in ein kaltes Bad halten. Jedoch nicht den ganzen Körper, sonst kommt es zum Kälteschock.

Bei kleinen Verbrennungen, bei denen man zu Hause bleibt: sterilen Wundverband oder Pflaster anlegen, bei Bedarf Paracetamol-Zäpfchen oder Kräuter-Zäpfchen verabreichen, Notfalltropfen-Globuli.

Vergiftung

Das Thema Vergiftung ist sehr komplex und kann nicht mit wenigen Worten abgehandelt werden.

Das richtige Vorgehen bei einer Vergiftung hängt nämlich in erster Linie davon ab, womit sich das Baby vergiftet hat.

Beispielsweise zum-Erbrechen-bringen kann bei manchen Giften richtig sein und bei anderen Giften kann es die Situation verschlimmern.

Auch alle traditionellen Hausmittel gegen Vergiftungen sollte man besser vermeiden, weil sie normalerweise mehr Schaden anrichten als sie nützen.

Sobald man feststellt, dass das Baby vergiftet ist, sollte man so schnell wie möglich herausfinden, womit das Baby vergiftet ist. Die Suche nach dem Gift sollte aber nicht zu viel Zeit in Anspruch nehmen, denn jede Sekunde zählt jetzt.

So schnell wie möglich ruft man den Giftnotruf an:

- Giftnotruf Berlin: 030-19240
- Notruf Österreich: 144
- Giftnotruf Schweiz: 145

Für Deutschland gibt es in jeder größeren Stadt einen Giftnotruf. Tragen Sie bevor es zu einer Vergiftung kommt, die Telefonnummer Ihres lokalen Giftnotrufes ein. Dazu ist Platz am Ende dieses Buches.

Wenn man den Giftnotruf am Telefon hat, befolgt man deren Anweisungen.

Verstauchung

Beim Erkunden der Welt kann sich ein größeres Baby verletzen, sodass es zu einer Verstauchung kommt.

Bei einer Verstauchung wird sich das Baby nicht schnell beruhigen lassen. Das verletzte Körperteil wird vermutlich anschwellen und das Baby weint bei Berührung oder wenn es das Körperteil benutzen will.

Ein verstauchtes Körperteil muss ruhiggestellt werden.

Wann zum Arzt: Bei Verdacht auf Verstauchung.

Schulmedizin: Verband, schmerzstillende Salbe.

Selbstbehandlung: Kräuterzäpfchen, Notfalltropfen-Globuli.

Verstopfung

Bei Stillkindern kommt es kaum zu Verstopfung, bei Flaschenkindern kann Verstopfung jedoch durchaus vorkommen.

Man erkennt die Verstopfung daran, dass der Stuhl in der Windel hart ist. Außerdem merkt man dem Baby häufig an, wenn es mühsam drückt, um sich zu entleeren.

Die Probleme bei der Entleerung können zu vermehrtem Weinen führen.

Häufige Verstopfung kann durch eine Unverträglichkeit der Nahrung verursacht werden. Daher kann man ein anderes Produkt ausprobieren, wenn das Baby oft Verstopfung hat.

Wann zum Arzt: Bei quälender Verstopfung.

Selbstbehandlung: Nahrung wechseln.

Wachstumsschub

Das Wachstum von Babies verläuft nicht gleichmäßig sondern schubweise.

Bei einem Wachstumsschub haben Babies meistens vermehrt Hunger, das bedeutet, dass sie ständig an die Brust wollen. Nach ein paar Tagen hat sich die Milchproduktion an die vermehrte Nachfrage angepasst.

Bei Flaschenkindern muss man die Nahrungsmenge gezielt auf den größer gewordenen Hunger anpassen.

Manchmal ist ein Wachstumsschub mit verstärktem Weinen verbunden, andere Male mit vermehrtem Schlafbedürfnis.

Meistens ist nach ein paar Tagen alles vorbei und das Baby wirkt ein wenig größer und gereifter.

Wunden

Ab dem Krabbelalter können sich Babies verletzen, sodass es zu offenen Wunden kommt.

Offene Wunden bei Babies sind genau so zu behandeln wie offene Wunden bei größeren Kindern oder Erwachsenen.

Bei einer kleinen Wunde reicht ein Pflaster.

Wann zum Arzt: Wenn die Wunde größer ist, geht man am besten zum Arzt. Der Arzt kann entscheiden, ob die Wunde genäht werden muss oder nicht. Er kann auch über die Wundversorgung entscheiden.

Bei einer schlimmen Wunde, die stark blutet, ruft man am besten sofort den Notarzt. Um den Blutfluss zu stoppen legt man eine sterile Kompresse auf die Wunde und drückt kräftig. Sobald der Notarzt eintrifft, überlässt man ihm die weitere Wundversorgung.

Schulmedizin: Je nach Wunde, z.B. Nähen

Selbstbehandlung: Pflaster bei kleinen Wunden, Blutfluss abdrücken bei größeren Wunden bis der Arzt kommt, Notfalltropfen-Globuli.

Wunder Po - Windeldermatitis

Die meisten Babies haben in ihrem Windel-Leben mindestens einmal einen mehr oder weniger stark ausgeprägten wunden Po.

Den wunden Po erkennt man zuerst an einer Hautrötung im Windelbereich. Man spricht auch von einer Windeldermatitis.

Die gerötete Haut schmerzt und manchmal juckt sie auch. Daher ist das Baby oft schlecht gelaunt, wenn es eine Windeldermatitis hat. Das kann sich in stundenlangem Schreien äußern.

Die Windeldermatitis entsteht, wenn die zarte Babyhaut zu lange dem scharfen Urin oder Kot ausgesetzt ist. Lange Pausen zwischen dem Wickeln können also zu einem wunden Po beitragen.

Manche Babies vertragen auch keine Wegwerfwindeln, bei manchen sind es nur die Wegwerfwindel bestimmter Hersteller. Bei häufiger Windeldermatitis kann man ausprobieren, ob Windeln eines anderen Herstellers oder Stoffwindeln besser vertragen werden.

Am besten ist es, wenn man schon bei beginnendem wunden Po mit der Behandlung beginnt. Dann wird es oft gar nicht erst richtig schlimm.

Wichtig ist vor allem, dass der Baby-Po stundenweise der Luft ausgesetzt ist und nicht den ganzen Tag in der feuchten Windel steckt.

Wenn eine Windeldermatitis fortschreitet, können sich auf der wunden Haut Candida-Pilze entwickeln. Es kommt dann zu einer Pilzerkrankung des Windelbereichs. Dadurch werden die Beschwerden stärker und die Heilung schwieriger.

Wann zum Arzt: Bei starken Beschwerden.

Schulmedizin: Pilztötende Salbe.

Selbstbehandlung: Eine ganze Reihe von Maßnahmen helfen gegen wunden Po:

- Häufiger Windelwechsel
- Eventuell Wechsel der Windelmarke oder Stoffwindeln
- Po von Urin- und Kotresten befreien durch Waschen
- Po trockenföhnen
- Baby-Po nackt liegen lassen (auf ausreichende Wärme achten)
- Po sorgfältig eincremen, z.B. mit Zinksalbe oder Desitin-Salbe®

Zahnungsprobleme

Im Alter von sechs Monaten beginnt bei den meisten Babies das Wachstum der Zähne.

Das Zahnfleisch schwillt vor dem Zahndurchbruch meistens an. Der kleine Zahn wächst dann von unten aus dem Kiefer und durchbricht das Zahnfleisch eines Tages. Zuerst kommen normalerweise die unteren Schneidezähne, dann die oberen Schneidezähne und nach und nach die anderen Zähne.

Manche Babies haben keinerlei Probleme beim Zahndurchbruch, aber andere leiden monatelang unter Zahnungsbeschwerden. Sie schreien oft sehr viel.

Typisch für Zahnungsbeschwerden ist häufiges Sabbern. Viele Kinder stecken auch ständig die Hände in den Mund. Auf allem, was greifbar ist, wird ausgiebig herum gekaut. Dadurch können die Spannungen im Kiefer etwas gelindert werden.

In besonders schweren Fällen kann ein Baby beim Zahnen sogar Fieber bekommen. Dieses Fieber entsteht aber meistens wegen einer Infektion, die das Baby wegen der Schmerzen nicht erfolgreich abwehren kann.

Für Zahnungsbeschwerden gibt es zahlreiche Hilfsmittel, die die Beschwerden abmildern können. In Kombination angewendet, helfen sie meistens so gut, dass man die schwierige Phase halbwegs gut überstehen kann.

Wann zum Arzt: Bei starken Problemen oder Fieber.

Schulmedizin: Schmerzlindernde Einreibung.

Selbstbehandlung: Veilchenwurzel, Bernsteinkette, leicht gekühlter Beißring, Kräuterzäpfchen, Notfalltropfen-Globuli, Herumtragen, Trösten.

Stillprobleme

Muttermilch ist die beste Nahrung für ein kleines Menschenkind.

Stillen hat auch zahlreiche praktische Vorteile, denn die Muttermilch kostet nichts und ist immer in bester Beschaffenheit griffbereit.

Doch auch wenn eine junge Mutter gerne stillen will, kann es mitunter zu einigen Problemen kommen, die das Stillen erschweren.

Auf den nächsten Seiten werden die wichtigsten Stillprobleme kurz beschrieben.

Brustentzündung

Eine Brustentzündung ist eine schwere, meist fieberhafte Erkrankung der Mutter. Die Brust ist gerötet, geschwollen und schmerzt stark. Bei einer Brustentzündung ist die Brust aufgrund von Bakterien entzündet. Meistens ist nur eine Brust davon betroffen.

Fast immer geht der Brustentzündung ein Milchstau voraus. In der gestauten Milch können sich die Bakterien nämlich besonders gut vermehren. Daher ist die Verhinderung eines Milchstaus die beste Vorbeugung einer Brustentzündung.

Wenn es erst einmal zur Brustentzündung gekommen ist, muss unbedingt ein Arzt zu Rate gezogen werden. Meistens lassen sich Antibiotika nicht verhindern. Es gibt jedoch stillfreundliche Antibiotika, sodass man nicht zwangsweise abstillen muss.

Wann zum Arzt: Bei Brustschmerzen mit Fieber.

Schulmedizin: Antibiotika.

Selbstbehandlung: Kühle Umschläge, z.B. Quarkwickel.

Milchstau

Ein Milchstau kann relativ häufig vorkommen, vor allem in den ersten Wochen des Stillens.

Bei einem Milchstau schwillt die Brust schmerzhaft an und fühlt sich meistens warm an. Man kann häufig verhärtete, dicke Knoten fühlen, dort wo sich die Milch staut.

Zu einem lokal begrenzten Milchstau kann es kommen, wenn das Baby nur einen Teil der Brust leertrinkt und einen anderen Teil voll lässt. Das kann bei einer ungeeigneten Haltung des Babies beim Trinken vorkommen. Versuchen Sie dann, ob es hilft, das Baby anders zu halten.

Zu einem generellen Milchstau kann es kommen, wenn das Baby vorübergehend weniger trinkt als zuvor, oder wenn sich die Milchproduktion deutlich gesteigert hat. Auch ein zu enger Still-BH oder Stress können einen Milchstau verursachen.

Um einen Milchstau zu verhindern, sollte man im Wechsel immer eine der Brüste ganz leer trinken lassen, bevor man das Baby an die zweite Brust legt.

Wenn es zu einem Milchstau gekommen ist, sollte man das Baby jedoch immer zuerst an die gestaute Brust anlegen, damit sie möglichst gut entleert wird. Falls das nicht möglich ist, sollte man die Brust durch Ausstreichen oder mithilfe einer Milchpumpe entleeren.

Ein Milchstau muss sorgfältig behandelt werden, damit er nicht zu einer Brustentzündung wird.

Wann zum Arzt: Bei starken Beschwerden.

Selbstbehandlung: Häufiges Stillen, Stellungswechsel beim Stillen, feuchtwarme Umschläge, Quarkwickel, Ruhe.

Wunde Brustwarzen

Zu Beginn der Stillzeit sind die mütterlichen Brustwarzen noch zart und empfindlich. Erst im Laufe der Stillbeziehung werden sie robuster.

Daher kann es vor allem in den ersten Tagen des Stillens zu Schmerzen in den Brustwarzen und sogar zu Rissen kommen.

Das Stillen ist dann sehr schmerzhaft, vor allem in den ersten Sekunden, bis die Milch reichlich fließt.

Am wichtigsten ist die richtige Andocktechnik des Babies, um wunde Brustwarzen zu verhindern. Das Baby sollte die Brustwarze voll umschließen und nicht nur einen kleinen Teil davon im Mund haben.

Häufiges Anlegen erleichtert die Beschwerden, obwohl man bei wunden Brustwarzen eher das Bedürfnis hat, seltener zu stillen. Doch das Baby wird gieriger und saugt schmerzhafter, wenn es zu selten die Brust bekommt.

Damit sich die Brustwarzen vom Stillen erholen können, sollten sie möglichst oft an der frischen Luft trocknen können. Auch leichte Sonnenbäder können die Heilung fördern. Vor dem Anlegen kann man die Brust mit einem feucht-warmen Umschlag entkrampfen, sodass die Milch beim Anlegen schneller fließt.

Nach dem Stillen kann man auf Wunsch eine Lanolin-Salbe auf die wunde Brustwarze auftragen. Da Lanolin natürliches Wollfett ist, schadet es dem Baby nicht, wenn geringe Reste davon auf der Brustwarze verbleiben.

Wann zum Arzt: Bei offenen Rissen.

Schulmedizin: Wundbehandlung.

Selbstbehandlung: Luft, Lanolin-Salbe.

Zu wenig Milch

In der zweiten Hälfte des 20. Jahrhunderts galt zu wenig Milch als ein häufig auftretendes Problem, das oft zum frühzeitigen Ende des Stillens geführt hat.

Doch es lag fast immer an der falschen Stilltechnik, dass die Milch so oft zu spärlich floss. Es wurde schlichtweg zu selten angelegt.

Heutzutage weiß man, dass fast jede Frau ausreichend Milch produzieren kann, um ihr Baby voll zu stillen.

Wichtig sind jedoch einige Grundregeln:

- Alle zwei Stunden stillen oder öfter ist bei Neugeborenen normal. Je öfter man stillt, desto mehr Milch wird produziert.
- Bei jedem Stillen sollte man beide Brüste anbieten. Die erste Brust sollte leer getrunken werden, dann kommt die zweite dran.
- Um genug Flüssigkeit produzieren zu können, muss die Mutter mindestens zwei Liter täglich trinken, bei Hitze mehr. Am besten geeignet ist Wasser oder Kräutertee.

Falls man den Eindruck hat, die Milch reicht nicht, obwohl man obige Regeln befolgt, kann man noch folgendes probieren:

- Noch öfter stillen.
- Still-Tee trinken. Er enthält u.a. Anis, Fenchel.
- Malzbier trinken.
- Mehr Ruhe gönnen, ein paar Tage lang viel im Bett liegen.
- Viel Kontakt zum Baby haben.
- Leichte Brustmassage vor dem Stillen.

Wann zur Stillberaterin: Wenn das Baby über einen längeren Zeitraum nicht zunimmt.

Baby-Gesundheit im Internet

Im Internet finden Sie auf zahlreichen Webseiten Informationen über Babies.

Speziell zu dem vorliegenden Buch gibt es eine extra Webseite, auf der Sie alle Seiten lesen und durchsuchen können:

Webseite zum Buch:

www.kurzratgeber-baby.de

Webseiten über Schwangerschaft und Kinder

Hier finden Sie die Internetadressen von unseren anderen Kinder- und Schwangerschafts-Projekten:

www.schuessler-salze-in-der-schwangerschaft.de
Mit sanften Mitteln die Schwangerschaft begleiten, ...

www.schuessler-salze-fuer-kinder.de
Kinder mit sanften Mitteln behandeln.

Webseiten über andere Gesundheitsthemen

www.heilkraeuter.de
Heilkräuter-Lexikon, Kräuterwanderungen und mehr.

www.schuessler-salze-liste.de
Heilen durch Mineralsalze, ohne Nebenwirkung, ...

www.homoeopathie-liste.de
Über 250 Arzneimittelbilder, Potenzen,...

www.euvival.de
Webseiten-Verzeichnis der Autorin Eva Marbach.

Gesundheits-Bücher im Eva Marbach Verlag

Der Eva Marbach Verlag hat eine ganze Reihe von Gesundheits-Büchern herausgegeben.

Heilkräuter Hausapotheke

Die wichtigsten Heilpflanzen für die Anwendung zu Hause.

In diesem Buch werden zwölf bekannte und wichtige Heilpflanzen ausführlich vorgestellt. Zahlreiche weitere wertvolle Heilpflanzen werden kurz beschrieben. In bebilderten Rezepten lernen Sie, wie Teemischungen zusammengestellt, Tinkturen und Salben zubereitet werden. So können Sie sich Ihre Hausapotheke selbst herstellen. Für viele Krankheiten finden Sie Anleitungen zur gezielten Anwendung der Kräutermedizin.

ISBN-13: 978-3-938764-20-6 - 204 Seiten - 19,80 Euro

Schüssler-Salze Hausapotheke

Alle 27 Salze erklärt und über 1200 Heilanwendungen

In diesem Buch werden die zwölf Funktionsmittel, die fünfzehn Ergänzungsmittel und die sieben Ergänzungsmittel nach Joachim Broy ausführlich vorgestellt. Sie erfahren, wie die Schüßler-Salze wirken und wie Sie sie anwenden können. Behandlungshinweise für über 1200 körperliche und seelische Anwendungsgebiete machen das Buch zu einem wertvollen Nachschlagewerk.

ISBN-13: 978-3-938764-11-4 - 204 Seiten - 19,80 Euro

Heilen mit Schwedenkräutern

Das bewährte Hausmittel gegen zahlreiche Gesundheitsbeschwerden.

In diesem Buch erfahren Sie, wie man Schwedenkräuter zubereitet und anwendet. Zum besseren Verständnis gibt es dazu Foto-Anleitungen. Für viele Krankheiten finden Sie genaue Anleitungen zur gezielten Anwendung der Schwedenkräuter.

ISBN-13: 978-3-938764-08-4 - 144 Seiten - 14,80 Euro

Heilen mit Propolis

Die Hausapotheke aus dem Bienenvolk.

In diesem Buch erfahren Sie wie man Propolis zubereitet und anwendet. Zum besseren Verständnis gibt es dazu Foto-Anleitungen. Für viele Krankheiten finden Sie Anleitungen zur gezielten Anwendung von Propolis. Auch andere Heilmittel aus dem Bienenstock, wie Honig, Bienenpollen und Geleę Royal, werden vorgestellt.

ISBN-13: 978-3-938764-12-1 - 96 Seiten - 9,80 Euro

Erfolgreich abnehmen durch Hintergrundwissen

Dieses Buch erklärt ausführlich, wie der Stoffwechsel funktioniert und Übergewicht entsteht. Stress, Schlafmangel, Hormonstörungen, Heißhunger und zahlreiche andere Ursachen für die Gewichtszunahme werden genau beschrieben. Je nach individueller Situation werden einfache Wege aus der Figurfalle vorgestellt.

ISBN-13: 978-3-938764-24-4 - 296 Seiten - 29,80 Euro

Weitere Bücher

Weitere Schüsslersalze-Bücher sind in Vorbereitung, z.B. zu den Themen: Wechseljahre, Frauen, Kinder.

Verlags-Webseite: http://www.eva-marbach.com

Stichwortverzeichnis

5-S-Methode 74
Allergie 77
Alpträume 52
Arzt 21
Ätherische Öle 15
Atopisches Ekzem 94
Ausschlag 76
Autofahren 70
Bachblüten 34
Bauchlage 17
Bäuchlein-Öl 31
Bernsteinkette 31
Beruhigungs-Techniken 63
Blähungen 78
Blauer Fleck 80
Bronchitis 87
Brustentzündung 110
Candida 92
Dinkelkissen 29
Dreimonats-Koliken 80
Durchfall 82
Ekzem 94
Erbrechen 83
Erkältung 84
Fenchel-Tee 27
Fieber 85
Fieberkrämpfe 86
Fieber-Thermometer 23
Fieber-Zäpfchen 24
Flieger 68
Föhn 71
Frieren 51
Gastrokolischer Reflex 42
Gel 28
Gelbsucht 93
Gesundheitsprobleme 76
Globuli 38
Grippe 84
Hausapotheke 22
Herzfehler 87
Hiatus-Hernie 97
Honig 14
Hunger 41
Husten 87
Insektenstiche 28
Internet 114
Karp, Dr. 74
Kinderkrankheiten 76
Kirschkernkissen 29
Kleine Gegenstände 20
Kontaktbedürfnis 47
Kopfgneis 88
Kräuter-Zäpfchen 32
Krupphusten 96
Kuhmilchallergie 77
Kuscheltherapie 74
Kuscheltiere 17
Langeweile 45
Magen-Darm-Grippe 89
Magen-Dickdarm-Reflex 42

Magenpförtner-Krampf 90
Milchschorf 90
Milchstau 111
Minzöl 15
Mittelohrentzündung 91
Müdigkeit 45
Mund-Soor 92
Nagelschere 29
Nasentropfen 25, 39
Neugeborenen-Exanthem 76
Neugeborenen-Gelbsucht 93
Neurodermitis 94
Notfalltropfen 34
Ohrenschmerzen 91
Paracetamol 24
Pezziball 70
Physiologische Kochsalzlösung 25
Plötzlicher Kindstod 95
Pseudo-Krupp 96
Pucken 63
Pylorus-Stenose 90
Rauschen 71
Reflux 97
Reizüberflutung 49
Saugbedürfnis 43
Schaukeln 68
Schläfrigkeit 98
Schlafstörungen 99
Schnellfinder 5
Schnuller 73
Schnupfen 101
Schreibaby 59
Schrei-Checkliste 61
Schreien 40
Schütteln 18
Sensibilität 52
SIDS 95
Singen 72
Soor 92
Spieluhr 72
Staubsauger 71
Stillprobleme 110
Tabletten 37
Temperament 53
Tragen 65
Träume 52
Trinkprobleme 101
Tropfen 39
Tropfpipette 28
Überhitzung 50
Umstellungsprobleme 49
Veilchenwurzel 30
Verbandmaterial 35
Verbrennungen 103
Vergiftung 104
Verlassenheitsängste 47
Verstauchung 105
Verstopfung 106
Volle Windel 44
Wachstumsschub 106
Wärmflasche 16
Warnhinweise 14
Webseiten 114
Weinen 40

Weißes Rauschen 71
Wickeltisch 19
Windeldermatitis 107
Wunde Brustwarzen 112
Wunden 107
Wunder Po 107
Zahnungsprobleme 109
Zäpfchen 36
Zinksalbe 27
Zu wenig Milch 113
Zwerchfellbruch 97

Wichtige Telefonnummern

Stand: Dezember 2010

- Notruf Deutschland: 112
- Giftnotruf Berlin: 030-19240
- Notruf Österreich: 144
- Notruf Schweiz: 144 oder 112
- Giftnotruf Schweiz: 145

Lokalen Giftnotruf bitte hier eintragen:

____

Telefonnummer Ihres Kinderarztes bitte hier eintragen:

____

Platz für weitere wichtige Telefonnummern: